你所不知的索尔仁尼琴

[俄]弗拉基米尔·布申 著

杨莉 译

群众出版社

·北京·

图字：01-2011-7531

图书在版编目（CIP）数据

你所不知的索尔仁尼琴／（俄罗斯）布申著；杨 莉 译.—北京：群众出版社，2014.9

ISBN 978-7-5014-5254-5

Ⅰ.①你… Ⅱ.①布…②杨 Ⅲ.①索尔仁尼琴（1918~2008）—生平事迹 Ⅳ.①K835.125.6

中国版本图书馆 CIP 数据核字（2014）第 192611 号

你所不知的索尔仁尼琴

[俄] 弗拉基米尔·布申 著

杨 莉 译

出版发行：群众出版社
地　　址：北京市丰台区方庄芳星园三区 15 号楼
邮政编码：100078
经　　销：新华书店
印　　刷：北京泰锐印刷有限责任公司
版　　次：2014 年 9 月第 1 版
印　　次：2014 年 9 月第 1 次
印　　张：8.125
开　　本：880 毫米×1230 毫米　1/32
字　　数：196 千字
书　　号：ISBN 978-7-5014-5254-5
定　　价：25.00 元
网　　址：www.qzcbs.com
电子邮箱：qzcbs@sohu.com

营销中心电话：010-83903254
读者服务部电话（门市）：010-83903257
警官读者俱乐部电话（网购、邮购）：010-83903253
文艺分社电话：010-83903973

本社图书出现印装质量问题，由本社负责退换

版权所有　侵权必究

编者的话

亚历山大·伊萨耶维奇·索尔仁尼琴（1918—2008），苏联作家，生于北高加索的基斯洛沃茨克市。苏德战争爆发后，索尔仁尼琴应征入伍，两次立功受奖。后来，他创作了中篇小说《第一圈》和长篇小说《癌症楼》，但这两部小说均未获准在苏联出版。1968年，《癌症楼》和《第一圈》在西欧发表。1969年，他被开除出苏联作家协会，此事引起了国际上一些著名作家的抗议。1970年，索尔仁尼琴获得诺贝尔文学奖，但迫于形势，他没有前往斯德哥尔摩领奖。1973年12月，在巴黎出版了他的《古拉格群岛》第一卷，披露了从1918年到1956年间苏联监狱与劳改营的内幕。1974年2月12日，苏联最高苏维埃主席团宣布取消其苏联国籍，把他驱逐出境。1978年6月8日，他在美国哈佛大学发表演讲时，因批评西方社会的实利主义和自由主义而引起了一场争论。1989年，苏联作家协会书记处接受新世界杂志社和苏联作家出版社的建议，撤销苏联作家协会书记处于1969年11月5日批准的把索尔仁尼琴开除出苏联作家协会的"不公正的、与社会主义民主原则相抵触的决定"。于是，索尔仁尼琴的作品开始在苏联和俄罗斯境内陆续出版。2008年8月3日深夜，索尔仁尼琴由于心力衰竭在莫斯科逝世，享年八十九岁。

群众出版社是国内最早出版索尔仁尼琴作品的出版社，因此，我们对与这位伟大作家有关的作品十分关注。一个偶然的机会，我从中华版权保护中心的杨冰皓女士那里得到了2010年俄罗斯出版的《你所不知的索尔仁尼琴》的俄文原版书。她说这是一本好书，在俄罗斯发行量很大，应该让国内的读者看到它的中文译本。于是，我及时与著名翻译家胡爱民先生取得了联系，并得到了他对本书的客观评价。胡爱民先生读了原书之后坦言，书中的一些内容是他这样一位索尔仁尼琴的崇拜者所无法容忍的。的确，本书作者原是一名苏共党员，如今已经九十多岁的高龄了，他对索尔仁尼琴的看法难免有些偏激。

于是，我再次与杨冰皓女士进行了沟通。她从版权引进者的角度考虑，认为无论作者的观点是什么，我们都可以先把它拿过来，是好是坏，是对是错，可以让读者去品评。索尔仁尼琴的一生是传奇的一生，听听不同的声音，看看甚至有些颠覆性的内容，对我们进一步了解这位伟大作家的一生肯定是会有所帮助的。至于那些过分攻击他的语言，以及一些带有较强政治色彩的内容，我们可以进行删改。经过商议，我们一致认为，可以在与外方签订的合同上注明：根据需要，我们可以对中国法律不允许的内容，以及一些不符合中国国情的内容进行删改。这样一来，既能避免出现政治问题以及其他一些问题，又能顺利地让中国读者与布申的这部充满激情的作品见面。

接下来的工作，就是寻找合适的译者了。几经周折，我们找到了中国国际问题研究所的杨莉女士。她虽然对俄罗斯文化非常熟悉，但是对她来说，翻译这本书也是有很大难度的。在翻译的过程中，她查阅了大量的资料，历经一年半的反复推敲，终于拿出了译稿。

收到稿件的电子版之后，我十分兴奋——我们的努力终于有了结果。在编辑的过程中，为了维护"俄罗斯良心"的形象，我尽量把诋毁索尔仁尼琴的一些不实内容进行了处理。当然，还是要尽量保持作品的原汁原味。书中有些内容，不了解那段历史的人是看不懂的,所以我在编辑此书的过程中费了不少功夫,增加了一些注释。

我认为出版这部作品的意义在于,它能够让我们从一个侧面了解俄罗斯社会,也能够让我们来辩证地看待一些问题。不可否认,作者对一些问题的看法有些偏激,甚至有些离奇,但是我们依然可以从字里行间得到一些很有价值的启示。

2014 年 7 月 8 日

洗掉污渍总是比唾弃难,应当善于在需要的时刻迅速地第一个唾弃。

——亚历山大·索尔仁尼琴

目 录

开卷语 / 1

从梁赞寄往莫斯科的信 / 9

索尔仁尼琴与陀思妥耶夫斯基 / 43

与上帝捉迷藏 / 61

不过是杀手 / 71

索尔仁尼琴被捕之谜 / 85

"头脑一时糊涂和精神颓废伴随着我……" / 97

天堂歌手 / 105

家庭妇女的孩子们及其背景 / 125

俄军营垒中的骗子 / 133

不可以越界 / 145

额尔齐斯河上的"救世主现象" / 151

青出于蓝而胜于蓝 / 159

谋杀索尔仁尼琴 / 193

没有胡子 / 209

在谎言和仇恨中 / 223

开卷语

开卷语

一

  在莫斯科,以空前的规模庆祝了亚历山大·索尔仁尼琴①的八十岁寿辰。电视台播放了几个有关他的一系列纪录片。根据长篇小说《第一圈》创作的戏剧的首演式在塔甘卡剧院举办。在音乐学院的大厅和柴可夫斯基大厅里举行了经典作家音乐会。总统把叶利钦时期的最高荣誉勋章挂在作家的脖子上。爱德华·拉特金斯基在同一家电视台发表了关于索尔仁尼琴的激动人心的简短致词。阿尔弗雷德·科赫和鲍里斯·涅姆佐夫号召所有俄罗斯人拜读索尔仁尼琴的作品。格里戈里·亚夫林斯基说了许多热情洋溢的话。报上刊登了许多文章……

---

  ① 科学院院士、诺贝尔奖获得者,其观点是"不靠谎言生活"。

然而，我们觉得，在诸多方面，很遗憾，这位非凡作家的独特个性与某些特点并没有清晰而完整地彰显出来。为了弥补这一憾事，我们特向读者推荐论及这位著名作家的专著。

1999 年 1 月

二

俄语中有些语句似乎只包含良好的意思，只有"正面的意思"，比如"作家"这个词和"思想的君王"这个词组。当一位作者因为某件事情指责一位作家时，便会用带引号的"作家"，想以此说明，他不是什么作家。但事实上，我们是否喜欢他、他是天才还是蠢才都不重要。如果一个人从事文学创作，那么他就是作家，无论你想出什么办法来否认这一点！作家只不过是一种职业。用同样的方法可以解释"思想的君王"这个词组。在 N. 阿舒金和 M. 阿舒金娜的《成语汇编》中（莫斯科，1966 年）对这个句式是这样解释的："在文学语言中，它被广泛应用于伟人，其活动对与他同时代的人的思想产生了巨大的影响。""伟大的"这个词好像暗含着正面的意思。其实，"伟大的"概念本身并不是这样的，更准确地说，是"中性的"、"正面的"。科学院出版的十七卷的《俄罗斯语言文学词典》（莫斯科，1951 年）中的定义是："思想的君王，引起同时代的人特别关注的人，对社会产生巨大影响的政治活动家、作家、哲学家。"这里没有说君王有多么伟大，在上述词典中可以得到确认，在普希金的诗歌《致大

开卷语

海》中也可以找到证据:

> 有什么好怜惜呢?
> 哪里才是我要奔向的无忧无虑的地方?
> 在你的荒漠之中,有一样东西,
> 它曾使我的心灵为之震撼。
> 那是一处峭壁,一座光荣的坟墓……
> 在那儿,沉浸在寒冷的睡梦中的,
> 是一些威严的回忆,
> 拿破仑就在那儿消亡。
> 在那儿,他长眠在苦难之中。
> 而紧随他之后,就像风暴的喧嚣一样,
> 另一个天才,又飞离我们而去,
> 他是我们思想上的另一个君王……

另外一个是大家熟悉的拜伦。如果伟大的诗人可以被称为"思想的君王",那么是否也可以这样称呼拿破仑?毕竟,他不仅赢得了钦佩和赞赏,而且招致了诅咒、藐视和嘲笑。在托尔斯泰的《战争与和平》中,哪怕只有一小句讽刺的语言也好。但在这里,即使是托尔斯泰的讽刺也无法改变任何事情:毋庸置疑,拿破仑是与他同时代的人的"思想的君王"。战争结束后不久,有人写了这样一首在节奏上别出心裁的针对帕斯捷尔纳克的讽刺诗:

> 既然您的字典里容不下新思想,
> 那么思想的君王就不是您,而是西蒙诺夫。

是的,在战争期间,西蒙诺夫是最受欢迎的诗人,是与他同时代的人,特别是俄罗斯青年的"思想的君王",尽管已故的列

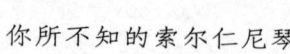

奥诺夫认为"他没有语言",并且健在的尼古拉·多罗申科说他是"没有才华的犹太人"。

本书是"思想的君王"系列作品中的一部,谈的是亚历山大·索尔仁尼琴。作者对自己的主人公远远没有像托尔斯泰对拿破仑、多罗申科对西蒙诺夫那么宽容,但他承认,索尔仁尼琴完全可以被称为与他同时代的人的"思想的君王",因为他的作品在俄罗斯乃至世界各国发行量巨大。于是诞生了属于他的文学——法国人乔治·尼瓦、俄罗斯人查尔玛耶夫、英籍犹太人米哈伊尔·赫勒创立的"索尔仁尼琴文学"。《文学报》举办"索尔仁尼琴年"活动期间,发表了大量赞扬他的文章。剧院(包括小剧院)上演了由他的小说改编的戏剧。他被选为科学院院士,被授予国家最高荣誉勋章。所有这一切,正如上述词典中所述,他"对社会产生了巨大影响"。如果读者有耐心和勇气拜读本书,那么我想,就会确认这种评价是公正的。

2003 年 9 月

三

这本书以不同的书名出版了四次。书的结构有一些变化,比如,第一版中有关于科学院院士阿·德·萨哈罗夫的篇幅,而最新出版的书中未列入此内容。

书的内容由 1992 年至 2008 年间在莫斯科、列宁格勒、沃罗涅什、鄂木斯克、克拉斯诺亚尔斯克的杂志和报纸上发表的文章

开卷语

构成。

　　书中内容的来源各不相同，但有些地方是重复的，这将刺激某人。我想，最好将其删除。我删掉了一些，但这会破坏书的主要内容的完整性。而且，通常重复的部分是最重要的部分。这也许是考虑到了当今生活节奏如此之快，人们甚至容易忘记最重要的事件、人名，那么某些重复是有益处的。最后，有一些歌曲，其中每一段都要被重复演唱。希望读者不要对我这长长的关于索尔仁尼琴的"歌曲"感到乏味。

　　除了最后的三个章节以外，所有的内容都在期刊和索尔仁尼琴生前所写的书中出现过。他本人，以及他众多的崇拜者，包括社会地位很高的崇拜者，都有机会来对本书进行批评、反驳，以便在某些方面揭穿作者。但是，索尔仁尼琴只利用了一次这种民主的好机会。1994 年，他从弗拉迪沃斯托克去莫斯科时，在鄂木斯克看到了不久前《鄂木斯克时间报》上刊登的我写的文章《索尔仁尼琴被捕之谜》。据我所知，他当时激动地叫道："啊，布申！我早就认识他……毒蛇！……"在百家争鸣的情况下，这一点有些微不足道。不仅如此，这位诺贝尔奖获得者还用"毒蛇"、"变色龙"、"蝎子"来称呼许多对他不客气的文学家。当然，有时他会大肆夸奖上面提到的"毒蛇"。

　　著名的民主主义者柳德米拉·萨拉斯金娜也没有利用民主的机会。今年在青年近卫军出版社出版的著名系列丛书《名人生活》中，她的长篇巨著《亚历山大·索尔仁尼琴》（厚厚的 935 页）中，没有发现一处对我的作品提出质疑的地方，哪怕是意见性的看法也没有，尽是些对主人公的责难。

　　奇怪的是，《二十世纪俄罗斯作家传记词典》（莫斯科，2000 年）中，关于索尔仁尼琴的文章最长，在所附作家出版物列表中没有一本我的作品。要知道，这可是俄罗斯大百科科学出版社出版的图书！列举的只有索尔仁尼琴的崇拜者：格·贝尔、弗·波塔波夫、阿·涅姆泽尔、娜·列维特斯卡娅、格·弗里德兰德尔、波·斯皮瓦科夫斯基、格·舒尔曼、德·施图尔曼……看看百科全书的作者是如何对待弗拉基米尔·拉克申的：评论家在《伊万·杰尼索维奇——友人和仇敌》一文中，对作家赞赏和捍卫有余，而在《索尔仁尼琴、特瓦尔多夫斯基和"新世界"》一文中，却驳斥了被识破的天才……在这个陌生的世界里，我们发现自己越来越靠近这非同寻常的现象——"索尔仁尼琴现象"。

2008 年 10 月

从梁赞寄往莫斯科的信

从梁赞寄往莫斯科的信

1967年5月19日,星期五。凌晨,我收到了一封邮局寄来的信,信封是难看的浅黄色的。信封上,我的住址被写得非常准确。上面的字都是圆滚滚的,就像妓女脖子上挂的珍珠项链。上面写有邮局的数字符号(当时六位数的邮政编码还未被采用)。"街道"二字被放在街道的名称前面,而不是后面。而我的父称、名字都用的是全称,没用任何缩写。地址是用打字机打出来的。"莫斯科"这个词是用大写字母和空格打出来的。打我的姓时也用了空格,但用的是普通字母。我的名字、父称被准确地写在了下面,左边和右边正好各五个字母。

在书写地址时,这种周密、细致的考虑,这种带着学究气的风格,是我非常熟悉的。即使不看寄信人的地址(肯定是工工整整地用深黑色的记号把他和我的地址隔开),我也知道信是谁寄来的,但我还是扫了一眼:"梁赞,十二号,亚布洛奇科夫胡同一号,十一号房间。"当然是"胡同",而不是"通道",有人误把"通道"当成了"胡同"。

是的,正是我期待的那个地址,这个地址我已经知道了许多年,还在亚布洛奇科夫胡同被称为"卡西莫夫斯基胡同"时,我就知道了。为什么要废除好好的、从地理上看非常合适的名称(因卡西莫夫斯基沿着此胡同入城而得名)呢?为什么没有起其他什么人的名字，而偏偏是巴·尼·亚布洛奇科夫？这一点鲜为人知。其实，亚布洛奇科夫和梁赞好像一点儿关系都没有。他出生在萨拉托夫州，在尼古拉耶夫和彼得堡读过书，在彼得堡、莫斯科和巴黎工作过，死于萨拉托夫。的确，巴维尔·尼古拉耶维奇①对电灯的完善做了许多工作，梁赞确实有电灯。

对于更换街道的名称，当时我的梁赞同行对我深表同情地回信说："是啊，街道更名也使我感到很不愉快，但有希望换房子，搬到其他地方住。我在梁赞要房子要了三年——没给。在这种情况下，我在莫斯科申请，他们又推说梁赞方面会给。"② 就这样推来推去，显然是中途由于什么原因给耽搁了。过了一年多，地址还是没有变化，这让我十分同情他。他经历了整个战争，为了公正地评论斯大林而坐了八年牢，成了著名的作家，却连个体面的住房都没有！

还有其他一些原因令我对他十分同情。我觉得那时我们在地名学的某些问题上观点一致。诚然，在告诉我卡西莫夫斯基胡同更名时，他的反应使我感到有些不安。他说这是一件令人沮丧的事，不过他可以搬到其他街道去。所以，他只要不住到名称不令人满意的街上就行。城市里有什么，国家地图上有什么，都不是他该管的事……

我正要撕开信封，突然感到有点儿奇怪：寄信人地址的上方缺少寄信人的名字。过去从未发生过这种事情！也许只是忘了写？他这么仔细的人，会忘吗？我仔细查看了邮戳。信是前一天发出的，5月18日晚上九点钟，也就是说，是在午夜之前发出的。信是这时候从梁赞发过来的吗？以我们邮局的效率是不可能的，但事实又摆在这儿……不过，信不是从梁赞发出的。原来，信是在这里，在莫斯科中央邮局投递的。应当想到，在那里，信

---

① 巴维尔·尼古拉耶维奇·亚布洛奇科夫（1847—1894），发明了用于照明的弧光灯。——译者注

② 见《作家档案》。

件分拣得比其他任何地方都快。总之,他所做的一切显然是为了让我能更快地收到这封信。为什么呢?为什么该写名字的地方却没有写呢?为了保密吗?还是另有什么目的……

我撕开了信封。里面有三页纸,上面是密密麻麻的文字。有两页与平常的书信没有什么区别,有一页只写了半页文字。于是,我读了这半页的内容:

尊敬的弗拉基米尔·谢尔盖耶维奇:
我们以往的通信促使我给您寄这封信。

1967 年 5 月 17 日

啊,这是什么信?只是正文的"附函"。我迫不及待地看了正文的开头,上面写道:

致第四次全苏苏维埃作家代表大会的信(代替发言)……
大会主席团成员、苏维埃作家协会会员布申……

噢,没什么重要的!我克制住好奇心,目光又回到了"附函"上:

我确定自己的是真诚的。就让这封信提醒您,在文学创作中,您面临着选择。您不会耽搁文学创作的(我认为您在尝试)。祝您一切都好!

索尔仁尼琴

1967 年 5 月 17 日①

---

① 见《作家档案》。

在机打签字的后面是我非常熟悉的圆珠笔签的字。整个签名有棱有角,用花体字写成:索尔仁尼琴。

四行半的信包括了许多内容:指责、警告、呼唤及对过去的回忆和对未来的祝愿。我的目光停留在"我们的通信"上。过去我从未想瞥它一眼,更没想过用这封信来做些什么。我陷入了沉思。我们的通信……

一滴洪水

和许多人一样,我第一次听说亚历山大·索尔仁尼琴是在1962年秋天。当时在莫斯科文化界有传言称,《新世界》杂志即将刊登一个名不见经传的人写的小说。这部小说描写的内容是当时人们的热议话题:斯大林时期的滥用职权、践踏司法的行为。作者本人也是这种舞弊行为的受害者。真是一石激起千层浪啊!这部题目很乏味的小说《伊万·杰尼索维奇的一天》真的被刊登在了十一月份的杂志上,引起了洪水般的赞叹与好评。

就像读者们一样,这些评论的作者们对索尔仁尼琴的印象来自于他的小说。过了很长一段时间,他才乐于开口谈论自己:参与了整个战争的炮兵指挥官;因批评斯大林而无辜受难。正如小说中写的那样,他曾被判有罪,在极其困难的条件下度过刑期。恢复自由之后,他开始用作家之笔对往日的法律是如何遭践踏的进行揭露,并与一切不公正的行为做斗争。可以说,他是一个为真理而战的受难的英雄。这样一个人,这样一位作家,引起许多人极大的兴趣和诚挚的同情是不足为奇的。

事情就是如此。然而,不能说前面所提到的洪水般的评论就跟普希金在《青铜骑士》诗篇里所描写的彼得堡洪水一样,是完

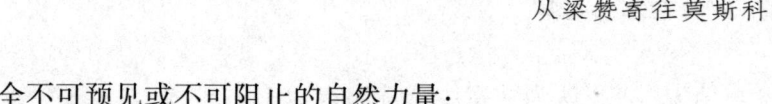

全不可预见或不可阻止的自然力量:

> 沙皇之灵仍然关照四方,
> 统治着俄罗斯。
> 他出现在凉台上,
> 忧郁而惆怅。
> 他说,沙皇可不能管辖,
> 上帝的自然力量。
> 他坐下了,
> 在沉思。
> 他用悲伤的眼睛,
> 遥望那危险的灾区……

1962年至1963年的针对索尔仁尼琴的文学评论浪潮不是毫无缘由的,而是有计划的,是在另一个高耸的"凉台"上用并不悲伤的眼睛遥望着他,以并不悲伤的口吻从那里发出声音,认为索尔仁尼琴的小说再现了现实,这样的作品使人更加尊重劳动人民。

我是这滔滔巨浪中的一滴水。1963年3月,《涅瓦》杂志上刊登了我写的充满激情的评论文章。这绝对不是炒作,而是在那个时代发自内心的狂喜。我把刊登文章的杂志寄给了住在梁赞的索尔仁尼琴。他在1963年5月27日给我的回信中说:"早在2月我就从亚历山大·沃罗宁①那里听说了你的文章。上个月我读了这篇文章。文章很有意思,内容丰富、形式多样,很有说服力。"② 当然,得到这么有名望的作家的赞赏,我非常高兴,而我自己并没有因这篇文章而沾沾自喜。1964年2月4日,我给索尔

---

① 当时,沃罗宁是《涅瓦》杂志的主编。
② 见《作家档案》。

仁尼琴写信说："我认为文章中感情因素占了上风。"我认为，我只是在某种程度上获得了成功。①

但是，有些人与小说的作者以及我本人的看法不同，认为我的文章非但不成功，而且是有害的。所以，涅瓦杂志社和我个人收到了几封反对信。下面就是其中的一封：

  尊敬的杂志社：

  1963年3月，在你们的杂志上刊登了布申的文章《每日面包的真相》。我想请你们把这封信转交给布申。我不是评论家，但我想代表读者就索尔仁尼琴的小说讲几句。如果说代表读者们，有点儿不太谦虚。但是，我和许多人谈过此事，所有人都和我的看法相似。

  我在这篇小说中什么也没有发现。您的大作并没有使我们在舒霍夫身上找到点儿什么。为什么要拼命证明根本就不存在的事情呢？

  我这样说，并不是毫无根据。我有一个兄弟，是通信员，经历了整个战争，曾和著名的空军少将波尔宾②一起飞行，现在已经过世。他看到了许多事情，经历了许多苦难。他也写作，真的，只是没有往任何地方寄稿件。我认为他能行。由于种种原因，他的命运十分悲惨。但是，他居然在监狱里入了党，这是确信无疑的。我本人也是共产党员，可以逐字逐句地转述："我们谈谈其他事情。首先回答您的几个问题。我读过《伊万·

---

① 见《作家档案》。

② 伊·斯·波尔宾（1905—1945），空军少将，两次获得"苏联英雄"称号，在战斗中牺牲。

杰尼索维奇的一天》①。这本众所周知的书太令人失望了，是一本毫无意义的书。索尔仁尼琴笔下的伊万·杰尼索维奇，是一个甘愿为一碗粥、一块面包而付出一切的人。当然，在那种条件下，不顾一切地求得生活所必需的东西是可以理解的，谈论这些事是必要的。但是，问题的实质会这么简单吗？……这场大悲剧的真相，人们后来才知道：的确有人为此而顽强地工作着。而您，布申同志，和奇切尔一起寻找所谓'托尔斯泰和卡拉塔耶夫的回声'②，的确有所发现。我不是要责怪索尔仁尼琴！他尽可能地写了自己的所见所闻，但为什么要炒作呢？没有必要。"如果您不为难的话，我想请您给我回信，并把索尔仁尼琴的地址寄给我。我会把兄弟写的信摘抄一些给他寄去。信中未提及监狱生活和个人崇拜，他写的是自己的战友。

敬礼！

伊林·斯坦尼斯拉夫·谢尔盖耶维奇
1963年7月6日
基辅州鲍里斯波尔市 10201 部队

当时我没有给伊林回信。不回信的主要原因是，我根本不同

---

① 这与索尔仁尼琴 1967 年 9 月 22 日在苏联作家协会的会议上发表的声明相比，是非常可笑的："监狱里不允许读《伊万·杰尼索维奇的一天》这本书，搜出来会被没收。"（《索尔仁尼琴文集》，法兰克福播种出版社，1973 年版，第六卷，第 71 页）。

② 意指已故评论家伊·伊·奇切罗夫的文章《关于<伊万·杰尼索维奇的一天>》，1962 年 12 月 8 日发表。我在《涅瓦》杂志上发表过观点与之不同的文章。

意全盘否定这部小说，不愿意为显然是针对我的问题进行争论。即使过去了许多年，我也不同意全盘否定《伊万·杰尼索维奇的一天》。但是，那些发出噪音的人没有听从警告。

与伊林相比，文艺出版社对我的文章完全是另外一种评价。他们决定把我的文章纳入《苏联文学新秀文集》，并且在《文学报》上发表了评论。评论家丽娜·伊万诺娃在报上刊登了一篇《公民应成为……》的文章，引用了我的文章中批判性的内容："我希望关注那个令人悲伤的事实。舒霍夫是个具有丰富内心世界的人。在劳改营里，他在某些方面妥协了，丧失了一些东西。一些评论家对此充耳不闻。没什么可害羞的，应当大胆地进行分析。另一些人甚至确认，舒霍夫在道德上没有做任何让步，这不是事实。"

作者写道，舒霍夫本人也不知道究竟是要坚持，还是要退缩。

报纸采纳了我的观点，以肯定的方式结束了对主人公的争论："弗·布申的文章体现了对同代人公民意识的担忧。①"显然，对我的作品的这种评价，不可能不影响出版社的业绩。新世界出版社出版了索尔仁尼琴的其他作品，他们建议我把在《涅瓦》杂志上发表的文章加以充实。我心甘情愿地同意了。就这样，繁重的工作压在了我的肩上。

把文章交上去之后，我就去南方度假了。过了一个月，度完假回来时，刚享受完温暖阳光的我，一下子就掉进了冷水里。我的编辑亚历山大·科甘通知我，出版社社长科索拉波夫根据上级领导的有关指示，把我的文章从文集中撤了出来。"但我想，没有任何指示。"编辑腼腆地笑着说。

经验丰富的编辑建议我给决定撤掉我文章的那个中央委员会领导德·阿·波利卡尔波夫打个电话。这样做虽然有点儿不礼

---

① 见《文学报》，1963 年 5 月 14 日，第三页。

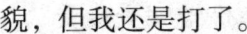

貌，但我还是打了。

后来，索尔仁尼琴把波利卡尔波夫称为"文学和艺术的主要摧残者"①。"主要摧残者"从我这里得知，有人不愿意出版赞赏索尔仁尼琴的文章，并诬陷他为"摧残者"时，极其愤怒，在电话里骂了很久。最后，他建议我写一封上告信，状告出版社社长。我向他表示了感谢，但我没有写——我不愿意争吵。

但是，我的文章怎么办呢？我没打算把它寄到某个权威的杂志社。大约三分之一的内容已经在《涅瓦》杂志上发表过了。我犹豫了一下，将文章寄给了沃罗涅日的《高潮》杂志，我经常在那上面发表文章。在阿纳托利亚·日古利的支持下，我的文章在1963年9月第五期上重见天日。

充满喜悦的期待

这次我的发言得到了肯定。那篇《文学报》编辑部的人撰写的文章《热情地肯定，尖锐地批评》再次鼓励了我。他们认为，我对作家的创作不仅说了好的方面，而且谈了不足的方面。短篇小说《马特廖娜一家》中对"正派"进行了争论。评论家在对此进行评论时，赞扬了不与邪恶妥协的真正的英雄、人们所崇敬的斗士："没有他们就没有村庄，没有城市，没有整个地球！……"②是的，我的文章以这些话收尾。高兴嘛，我也高兴，但我的发言并不是某种客观公正的、逻辑上无可指责的、无瑕疵的英明的分析，《文学报》上那篇文章的作者怎么能理解这一点呢？他不会理解的，尽管我不能和评论家弗拉基米尔·拉克申一

---

① 见索尔仁尼琴的《牛犊顶橡树》，1975年，巴黎基督教青年会编的《文学生活文集》，第71页。

② 见《文学报》，1963年12月12日，第三页。

起说"作家的杰出才能使我受益匪浅,我无条件地完全接受"①,尽管在某些问题上我甚至与作家有分歧,但赞赏远远多于分歧和批评。

索尔仁尼琴本人比报纸上文章的作者更加清楚这一点。他在1964年1月2日给我的信中写道:"赞扬那个夸奖你的评论家,这有点儿像克雷洛夫寓言中的描写。尽管如此,我还是认为您写的这篇文章非常严肃,而且寓意深刻。只有这样写,文学评论才有意义。特别有趣的是,文章中的许多地方恰当地引用了《科列切托夫》② 中的内容。遗憾的是,由于杂志的发行量有限,很少有人读到这篇短篇小说。

"您在文章中把'大众美学'和'天才美学'作比较,是非常有意义的……当时,1964年1月,报上刊登了列宁文学奖推荐作品的作者名单。各共和国的新锐作家都被列了出来:艾别克、阿绍特·加尔纳克里扬、奥列西·贡恰尔、格奥尔基·古利阿、米尔佐扬·伊博拉基莫夫、叶戈尔·伊萨耶夫、盖森·库利耶夫、伊万·梅列日、列昂尼德·佩尔沃迈斯基、瓦西里·别斯科夫、鲍里斯·波列伏伊、鲍里斯·卢奇耶夫、加林娜·谢列布里亚科娃、谢尔盖·斯米尔诺夫、纳其姆·希克梅特、亚历山大·查科夫斯基……在所有被推荐的作品中,索尔仁尼琴的中篇小说《伊万·杰尼索维奇的一天》最引人注目。在推荐单位中,除了中央文学档案馆(国立苏联文学艺术中央档案馆)之外,还有刊登这篇小说的新世界杂志社。"

上述名单刊登后不久,我就为新闻出版通讯社撰写了推荐作品的简介。很自然,我在文章中对中篇小说《伊万·杰尼索维奇的一天》大加赞扬。关于它的作者,有这么一段话:"我觉得他

---

① 见《拉克申、索尔仁尼琴、特瓦尔多夫斯基与新世界》,伦敦,1976年。

② 指的是短篇小说《科列切托夫车站的一件事》。

是一个非常有趣、非常有特点的人。"索尔仁尼琴比那个自称是未来的诗人的那个人——其实根本不是乐观向上的，而是内心复杂、痛苦的人——更扎实。索尔仁尼琴根本不相信这个角色是为他准备的。为了证明这一点，我有必要引用一下他在写给我的信中说的话："我们应当试着发现寻常的美。我发现有时候探寻真相不是通过寻常的事物，而是通过最鲜明的，甚至特殊的事物。"的确是这样。于是，我得出结论："我想在此声明，可以期待这个有趣的作家给我们带来意外的惊喜。"意外的惊喜随之而来。说实话，我并不是很高兴。

讨论文学的特殊性是完全可以的，我的同行构思了长篇小说《癌症楼》。他通过那个特殊的群体——面临死亡的癌症患者们——找到了真相。了解这些真相，我当然做不到。

读者的洞察力

在许多报纸上刊登了我的文章：从《北方真理报》（阿尔汉格尔斯克）到《新罗西斯克工人报》，从《奥尔洛夫斯克真理报》到《布里亚契真理报》。我因此而收到了几封持不同意见，甚至是相反意见的信件。下面就是其中一封信的内容（对有些段落进行了删节）：

（莫斯科，苏联教育科学院新闻通讯社，文学评论家弗·布申　收）

尊敬的布申同志：
因为不知道您的准确住址，所以我们就给新闻社写了这封信。希望莫斯科邮局的工作人员能把信送到，并希望您能亲自看到这封信。

你所不知的索尔仁尼琴

　　我个人和我的同事们都是俄罗斯文学的爱好者，尊重文学的战斗性和教育性。我们作为普通的读者，可以向作品中的人物和英雄学习。我们不能同意给予被列入1963年苏联文学最佳作品的索尔仁尼琴的中篇小说《伊万·杰尼索维奇的一天》如此高的评价。

　　我们认为，最高奖项"列宁奖"应授予在思想和艺术方面确实很成熟和完美的作品。这样的作品对我们这一代青年人具有非常大的教育意义。所有写作和出版的书都是以此为目的。难道索尔仁尼琴的中篇小说真的是这样的作品吗？难道这部中篇小说概括了我们的苏联文学？……总之，对于无根据地推荐索尔仁尼琴的中篇小说获最高奖这件事，我们有许多疑问。

　　我们无论如何都不能同意如此过度地夸奖这部时效性很强的、在我们的知识界批评"对斯大林的个人崇拜"时期引起轰动的中篇小说。

　　这部中篇小说问世时，著名诗人特瓦尔多夫斯基称之为"苏联散文的最新杰作"，随之开始了过度的赞扬并引起了一场"轰动"。许多读者希望独立分析这本书，于是，《新世界》杂志和《小说报》被一抢而空。人们气愤地、疯狂地喊叫："过去没有真话，现在也没有！"中篇小说使反苏情绪复苏，也使我们原谅了其他人的观点。当时就是这样！

　　但苏联读者独立分析了这部轰动一时的中篇小说之后，并未从中发现正面的、具有教育意义的内容。现在他们已不再读这本书，也未必有人想重新读这本书。现在，这部中篇小说在图书馆里几乎无人问津。批评"对斯大林的个人崇拜"时期已经过去了（或者即将过去）。人们相信，不能无止境地把我们所有的混乱都归结于"对斯大林的个人崇拜"，自己也要承担责任。这就是对这部中篇小说没有任何新的"赞扬"的原因。中篇小说的成就带有偶然性，它没有使我们的文学更加丰富多彩——从读者的来信中可以看出，中篇小说的工人读者持这种看法。1963年12月29日的《消息报》上刊登了来自梅利托波尔的工人维克多·伊万的信。信中称，不切实际的评论家称中篇小说《伊万·杰尼索维奇的一天》的主角为"人民英雄"，而这个"人民英雄"并不是苏联人民的化身。另外一篇是来自塔林的工人莫尔恰诺夫同志写的短文（刊登在《立陶宛报》上）。他认为小说的主角乃至整个小说都不具有评论家们所讲的那种意义。

　　读者们的这些想法是对的，但是发表他们这种反对意见的刊物寥寥无几。他们只发表正面意见（比如对中篇小说的赞赏）。我们代表几十名读者以集体的名义给几个报社写了意见信，但他们竟然没有给我们回信。为什么？

　　《新世界》杂志的主编为了使这部中篇小说能够出版，再次过度赞扬了这部中篇小说，甚至在列宁格勒的研讨会上把它与列夫·托尔斯泰的著作相提并论。而评论家们也继续进行这种过度的赞扬，根本不考虑大多数读者的意见，特别是来自劳动阶层的意见。对此，我们感到非常奇怪！《安娜·卡列尼娜》和索尔仁尼琴的《马特廖娜一家》！所有这一切不仅使我们感到奇怪，而且使我们想到，在我们的知识界，"小圈子精神"仍占上风，这是非常令人悲哀的。只有那些表达赞美之意的读者之声能发表，而这样一些与"权威人士"——过度赞扬中篇小说的诗人特瓦尔多夫斯基——看法不一致的读者来信就不能发表。就连新闻通讯社（您曾经代表他们发言）也不想给予公正的评价，根本不考虑读者的情绪和看法。他们对中篇小说的赞扬太过分了！简直不可思议！

您会给我们回信吗？

伊·切布宁向您致意！

（阿尔汉格尔斯克，卡尔·李卜克内西街十九栋九号）

不难发现，信中主要是反对单方面地过度评价这部中篇小说，认为这样会使公众没有机会发表不同的观点。在这一点上，我的同行是正确的。但奇怪的是，评论家和作家中只有我一人收到了这种信。当然，也许其他人也收到了，但是没有机会发表。

引向何方？

时光飞逝，有时我们会通信，对文学和生活进行探讨。信中不乏赞赏和鼓励的话，有时我们还会互赠小礼品。为了消除索尔仁尼琴的一些困惑，我在1964年2月4日的信中向他介绍了我自己的一些经历，其中包括我在离库利科夫卡十二俄里的图拉州雷利斯基村度过的比较幸福的童年。3月8日，他给我回了信，信封里装了一个不大的"库利科夫卡纪念柱"的照片。他在信里写道："如果您来自库利科夫卡田野，那么信封中装的照片能勾起您的回忆。去年夏天我们在那里骑自行车，留下了许多记忆，产生了许多思想。我甚至想写点儿什么，可我现在写游记不合适。"①

在信的最后，他鼓励我："我发现您最近很少写文章。要知

---

① 见《作家档案》。

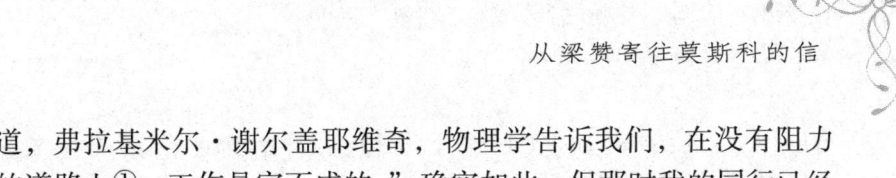

道，弗拉基米尔·谢尔盖耶维奇，物理学告诉我们，在没有阻力的道路上①，工作是完不成的。"确实如此，但那时我的同行已经为自己选定了要走的路，这是毫无疑问的。

还有一次，我给他寄去了自己写的书，他给我寄来了《伊万·杰尼索维奇的一天》。1965 年 12 月，我打算向他祝贺新年，送上我的祝愿。他 1966 年 2 月 26 日才给我回信，解释说，耽误了这么长时间才回信，是因为他有很长时间没有在梁赞了。他写道："谢谢。您的祝愿很难实现，但无论怎样，我们都期待能够实现。"他打算怎样去做，是很清楚的事情，我当时却未能猜出来。在信的最后一行，他再次鼓励和表扬了我："我听了您在列宁格勒电视台的发言。大家都夸奖您，为您高兴。"②

1966 年 11 月 16 日，在莫斯科作家协会的成员讨论索尔仁尼琴的长篇小说《癌症楼》时，我们终于见面了。后来我们又见过几次面。我重新读了一遍他在 1967 年 5 月 19 日写给我的信："您面临选择……千万不要耽搁……祝您好运……"他总是祝我好运，是想让我明白，我在差的环境中混日子会让他感到非常遗憾、伤心。1964 年，他把自己写的中篇小说《伊万·杰尼索维奇

---

① 见《作家档案》。

② 见《作家档案》。这不是我的个人发言，是 1966 年 1 月初的一次电视节目，由科学院院士利加乔夫主持。参会的有莫斯科和列宁格勒的作家：乌斯宾斯基、索罗乌辛、沃尔科夫、巴赫金、伊万诺夫和我。我们大家谈论的话题是如何珍惜民族文化。比如，我不久前在《文学报》上发表了文章《温暖的小屋妨碍了谁》，极其尖锐地提出了许多年来我们在地名学方面存在的问题，不仅从邮政、交通和行政（过去写过许多文章）的角度，而且从历史文化、国家民族的角度谈了这个问题。这篇文章引起了许多人的关注。在电视中，我只是把同样的思想做了发挥。这次发言的详情在我的《罪恶的年代》那本书中有详细的叙述。——布申

的一天》送给我时，在封面上写道："赠给评论家弗拉基米尔·布申，祝他现在和将来好运！""好运"对我来说可以理解为"不再懒散"，最终作出那个索尔仁尼琴早已作出的选择。他比我自己都明白，对我来说什么才是好运。

最高级别的谎言

前面已经说过，5月19日，星期五，我工作过的人民友谊杂志社允许我每星期五休息。大约在5月22日，星期一，诗人瑙姆·科尔扎温到我的办公室来找我，建议联名给作家代表大会全体会议写信。我签了名。信中建议讨论索尔仁尼琴的信件。

不错，在我们丰富多彩的文学生活中发生过一些令人遗憾的事，有些事甚至令人痛心，但在索尔仁尼琴的信中，密密麻麻地尽是些虚构的内容。我们常说，反对虚构不应该停留在表面上，而是要去探索，去核实，去思考。一些人没有能力做这种分析工作，而另外一些人只是不想去做。没有人怀疑这封信中所写的人物是否正派。他说他参加了整个战争，任炮兵连连长，而知名人士写他时，却称他为"无辜的牺牲品"。

你看，正是这些话使年轻的、充满激情的格奥尔基·弗拉基莫夫收到这封信时十分兴奋。他给代表大会写了封信："对参加了整个战争的军官的卑鄙诽谤……这发生在革命的五十年代……我想问代表大会的代表们：我们是败类，是造谣、告密的民族，还是为世界创造出卓越的、无与伦比的天才的伟大民族？"我个人没有必要请代表大会解决我的民族问题，因为我弄明白哪里有天才时，对这些败类、造谣者和告密者了解得不够。正因为如此，我在科尔扎温于1967年5月22日带给我的那封联名信上签了名。

但是，从另一方面来说，在索尔仁尼琴的信中有一种理念，就是即使对最不信任的人，也不能怀疑他的正确性和公正性。我们的出版商拖拖拉拉，长期不能出版我们的曼德尔施塔姆、皮利尼亚克、沃洛申、克柳耶夫、列米佐夫、古米列夫的作品。对于这一令人痛心的事实，作者极其愤怒："他们无法避免地要排队。"实践证明，这是多么英明的论断啊！在以后的几年中，曼德尔施塔姆（1975年）、皮利尼亚克（1976年）、沃洛申（1977年）、克柳耶夫（1977年）、列米佐夫（1978年）的文集相继出版。1935年之后，首次出版了白色封皮的《彼得堡》（1979年）。很快，我们不再花五百卢布去买在巴黎和华盛顿出版的古米列夫的书了，而在1935年以前，我们这里就没有出版过他的书。

索尔仁尼琴信件的其他一些读者接受了他，大概是因为作者对曼德尔施塔姆、古米列夫和其他作家的态度无疑是对的，所以这个勇敢而正直的人在其他方面也应该是对的。这些人当然不知道，信的作者很清楚：最高级别的谎言是由半真半假的言语组成的。

我认为，那封科尔扎温带给我的、曾在代表大会上讨论的信，并不代表他的全部思想和要求。索尔仁尼琴是要达到"禁止任何书刊检查"的目的。列宁格勒的作家维克多·科涅斯基给代表大会全体会议写信，反对上述绝对的要求："在任何制度下的任何国家，在任何时代都有过，并且将来还会有对于以军事、经济和道德（色情描写）为内容的书刊的检查。"应该想到，代表大会的代表中有许多作家对这个观点和其他一些观点持反对意见。总之，在集体讨论时发现了索尔仁尼琴极其令人尊敬的行为特点。唉，作协的领导和中央委员会的作家代表，比如阿·雅科夫列夫，对于此事缺乏勇气和认识。

确实，即使在进行最激烈的讨论时，也发现不了一些东西。代表大会的代表们没有发现"炮兵连连长经历了整个战争"这句话似乎与事实不太相符。因此，就像索尔仁尼琴自己后来承认的那样，他的信发到了二百五十个地方，引起了思想混乱，使不止一个易冲动的弗拉基莫夫那样的人万分激动。他的同龄人，列宁格勒的诗人弗拉基米尔·索斯诺尔坚信，索尔仁尼琴这个"与我们持不同观点的火热的斗士"，在给作家协会火一样的信中，极其自信地预言："再过两个星期，在俄罗斯，而且不仅在俄罗斯，人人都会读到这封信。"在他看来，全人类都会放下手头最紧要的事情：火车会停下来，炉火会被灭掉，人们会马上坐下来读这封信，因为信中有令人震惊的普拉夫托诺夫如何被消灭，以及亚历山大·伊萨耶维奇如何从战争的第一天到最后一天勇敢地指挥自己的炮兵连。

其实，我们当时对年轻的作家没有那么严格的要求，尽管其中一人已经写了二十四首诗，每一首的篇幅都和《青铜骑士》一样。在那些日子里，有些文学元老并不十分清醒，瓦连京·卡塔耶夫就是其中的一个。他当时已经七十岁了，照理说应该不那么肆无忌惮了，应该明白该怎么做了。但他与三十岁的人一起争先恐后地奔向邮局，给代表大会发电报称："信的主要内容我完全同意。"但是他并没有说清楚信的内容究竟是什么。唉，实在是令人费解！他会不会认为信的主要内容就是我们国内的民众如何骂陀思妥耶夫斯基？还有可能认为信里说的是卡塔耶夫个人非常了解的、在苏联国内游走的所谓"政治流氓"马雅可夫斯基。

另外一些元老在代表大会结束了很长一段时间之后还没有醒悟过来。特瓦尔多夫斯基甚至过了八个月，在1968年1月，还在保证："我不记得他们批驳过哪怕是其中的一点（指索尔仁尼琴的信）。宣布它是谎言……为什么？就因为它无法被驳倒？"总之，德高望重的作家的表现就像那个二十五年写了二十四本《青铜骑士》的列宁格勒的天才一样。又过去了半年，1968年7月，丽季娅·丘可夫斯卡娅仍在反复说："不能批判这封信！事实是无法推翻的!"当时她七十岁……这是令人惊讶的!要知道,这都是些有文化的作家……

　　信中把许多事情掺和到了一起。比如,想要评价我们社会的精神生活时,索尔仁尼琴称:"在一段时间里,我们没有出版……不允许读陀思妥耶夫斯基的书,这表明对真相没有应有的尊重。"众所周知,陀思妥耶夫斯基是君主专制的捍卫者,也就是说,他的其他作品和观点不符合社会主义的思想。在这种情况下,他们寄希望于推翻君主专制制度和社会主义革命,就像出版预言这场革命的高尔基、马雅可夫斯基的作品一样,马上就会自发地、大批地出版陀思妥耶夫斯基的作品。当然,这种做法是天真的。然而,彼得堡启蒙出版社在革命前就开始出版的二十三卷本的《陀思妥耶夫斯基文集》,十月革命后一直没有中断。最后一卷顺利地出版已经是在苏联时期了。1921年,人们在莫斯科纪念陀思妥耶夫斯基诞辰一百周年。稍晚些时候,著名雕塑家梅尔库罗夫设计的纪念碑被摆放在花园大道,并在上帝大厦开了博物馆。后来,博物馆迁址了。这之后,很快开始筹备出版第一本《苏联作家文集》,并在1926年至1930年期间实现了这个愿望。而科学院的三十卷本在二十世纪七八十年代得以出版。据统计,从十月革命到1981年11月(作家诞辰一百六十周年),我国共出版他的书34408000册,也就是说,每年平均出版五十四万册。怎么会"无法读取"呢?需要重提苏联时期陀思妥耶夫斯基创作的全部重要科学文献吗?

　　后来,索尔仁尼琴又写道,伟大的作家、"世界文学的骄傲"在我们这里遭到了"谩骂"。这种指责和其他许多信中的指责一样,没有针对性。是谁"骂"了?不清楚。"骂"是什么意思?陀思妥耶夫斯基是一个复杂的、充满热情的艺术家。他自己也"骂"过某些人。有一次,他在指责屠格涅夫和奥斯特洛夫斯基的刻板时写道:"与普希金相比,托尔斯泰没有说出什么新内容……称萨尔蒂科夫·谢德林讽刺他老人家。"关于康斯坦丁·

列昂基耶夫，他说："他的所有哲学归结于一个口号：为自己的肚子活着。"这样一个艺术家，不管是现在还是将来，永远都会有火辣辣的崇拜者和气呼呼的反对者，这是很自然的。这些人有时会不由自主地表达自己的感情，难道要禁止他们吗？像柴可夫斯基、布宁这样的大艺术家不喜欢他，但说到陀思妥耶夫斯基直接地、不加掩饰地骂他，这在苏联时期没有过。只是在当时，有人写讽刺诗攻击他，称他是"最残酷的"。要知道，要怪罪的不是别人，正是涅克拉索夫、屠格涅夫和米哈伊洛夫斯基。我们就不再提那个诋毁作家的政论家特拉霍夫了。

索尔仁尼琴在信中对一些苏联作家进行了无根据的指责。他愤怒地说："难道马雅可夫斯基不是无政府主义的政治流氓吗？"① 这些歪曲的话都用引号引了起来，就好像是有根据的，但具体出处是哪里却不清楚！也许在革命前就有人这样诋毁过马雅可夫斯基。在当时的诗歌中，甚至在诗人的公开发言中荒谬地称他为"政治流氓"，即"革命的敌人"。他个人坦白，他全心全意地投入到了这场革命中。用陀思妥耶夫斯基的话说，只有那种逆向思维的人才会这样称呼诗人。当然，不能排除索尔仁尼琴的亲戚和熟人中就有这种人，他从他们那里听到了对马雅可夫斯基的这种评价，根本没搞清楚就记在了脑子里。正如你所看到的事实，革命前，马雅可夫斯基因书刊检查而感到非常痛苦，没能将自己的诗歌保留下来。直到1918年3月，革命结束后，他的诗歌《穿裤子的云》才得以出版。

索尔仁尼琴把我们社会的精神生活描写得十分阴暗，他确信九年前（1957年）首次小心翼翼地出版了茨韦塔耶娃的诗集，这种行为被宣布为"犯了愚蠢的政治错误"。实在不明白是谁"宣布"的！难道是梦见的？好像正是这样。很快，茨韦塔耶娃的作

---

① 索尔仁尼琴致第四届全苏作家代表大会的信，第一页。这封信见《索尔仁尼琴文集》第六卷。

品接二连三地出版了：1961 年的《选集》、1965 年的《作品选集》(《诗人藏书系列丛书》)、1967 年的《我的普希金》(再版了两次)……在许多报刊上发表了她的文章：《莫斯科》、《新世界》、《星》、《辽阔》、《格鲁吉亚文学报》、《亚美尼亚文学报》、《诗歌与艺术》和《普罗米修斯丛刊》。1979 年，茨韦塔耶娃的诗歌被收入《诗人藏书系列丛书》(共 576 页)。1980 年，她带给读者《两卷集》(第一卷是诗歌，共 575 页；第二卷是散文，共 543 页)。1983 年，在喀山出版了她的诗集，共印了十万册……这些出版物引起了读者的关注。

但信的作者仍继续着最黑暗的描写。比如，他向上帝保证，帕斯捷尔纳克的名字不能公开说出来（指的是作家把信转到国外，1957 年出版了小说《日瓦戈医生》，并于 1958 年被授予诺贝尔奖）。当时在苏联的报刊上刊登了言辞激烈的评论文章，如：德·扎斯拉夫斯基在 1958 年 10 月 26 日的《真理报》上称帕斯捷尔纳克为"文学的杂草"，导致大艺术家被作家联盟开除。唉，就是这样！但事情还远远没有到"人们害怕公开叫出诗人的名字"的地步。1958 年出版了《格鲁吉亚的诗和格鲁吉亚的诗人》一书。书的封面上署的正是被开除出作家联盟的帕斯捷尔纳克的名字。请允许我再从自己的文学作品中举一个例子。1958 年 9 月 13 日，我在《文学报》上发表了《永恒的战斗》，是一篇评论阿纳托利·加里宁的长篇小说《原野》的文章。在文中，我引用了帕斯捷尔纳克的名句。我没有另起行，就像报刊引用普希金的诗一样，是"诗中诗"。我想再次说明，索尔仁尼琴在我工作过的文学报社也这样干过，但是我活了下来！是的，在被称为"对斯大林的个人崇拜"的年代，有许多苏联作家的生活和创作是艰难的，有时甚至是悲惨的。但索尔仁尼琴提出的模糊问题需要有绝对可靠和准确的答案。在信中，他不仅直接地歪曲事实，而且更戏剧化、更丑化了这一切。对于说过的话，可以做补充，比如，他认为尼古拉·扎博洛茨基死于"迫害"，而安德烈·普拉托诺夫是被"杀害"的。据《简明文学百科全书》记载,扎博洛茨基确实在1938年被非法惩罚。他在远东、阿尔泰边区和卡拉干达当过建筑工人、绘图员,在1945年完全恢复了名誉。他回到了莫斯科。在此期间,他写了许多好诗,于1948年出版了《诗歌》一书。尼古拉·扎博洛茨基1958年10月14日死于莫斯科,享年五十五岁。而安德烈·普拉托诺夫从来没受过惩罚,更没被"消灭"。他也死在了莫斯科,享年五十二岁。如我们所见,索尔仁尼琴刚一出现就毫无顾忌地撒起谎来……

当然,上述的一切不能证明我们这里没有敌对势力,即对我们提到过的某些作家或其部分作品持敌对态度的那些人,其中不乏有影响力的人物。关于这个问题,我们已经讨论过了,可以再做一些补充。1935年,科学院出版社出版了陀思妥耶夫斯基的长篇小说《群魔》,引起了当时非常有名、非常活跃的记者德·扎斯拉夫斯基的强烈反对。他撰文直接用《文学堕落》的标题,但是很遗憾,他没有得到所期望的回应。马克西姆·高尔基十分赞赏陀思妥耶夫斯基的表现力,因此在许多方面对扎斯拉夫斯基持怀疑态度。他写道:"我对陀思妥耶夫斯基的态度由来已久,不可能改变。在这种情况下,我完全赞同科学院出版的长篇小说《群魔》……"所有这些,难道安托科利斯基、卡塔耶夫、特瓦尔多夫斯基、丽季娅·丘可夫斯卡娅不知道吗?

给代表大会写过信之后,索尔仁尼琴展开了全方位的疯狂活动:要求作协出版自己的长篇小说和中篇小说;在作家联盟秘书处讨论"索尔仁尼琴问题";秘密将自己的手稿寄往国外(其实他过去也这样做过);约请不同的记者,进行非常荒诞的记者采访……其荒诞行为导致了两大事件的发生:1969年11月,他被作家协会开除;过了整整一年,他被授予诺贝尔奖。在那段疯狂的岁月里,他当然无暇和我通信,我也没有给他写信。

1974年2月,索尔仁尼琴来到德国,失去了祖国的国籍。从

1975年春天开始,他定居美国佛蒙特州。在那里,他以崭新的面貌加入了反苏者的行列。他努力赢得了关注、感谢和支持。就这样,1983年10月5日,他获得了"宗教意识突出贡献奖"(英国)。这项奖的奖金大概比诺贝尔奖的奖金高出2.5倍,是奖给在宗教领域作出突出贡献的人的。

关于索尔仁尼琴,我们刊登过许多文章。有些文章是严肃、深刻的,可令人遗憾的是,还有一些文章写得非常仓促和表面化。我们出版了关于索尔仁尼琴的书。第一本是作家的前妻娜塔丽娅·列舍托夫斯卡娅写的《与时代争论》①。书中提供了许多索尔仁尼琴从童年时期至1964年春天期间具体的、有根有据的生活信息,在不知不觉中显露出了作家的本性。第二本书是从捷克文翻译过来的,由捷克斯洛伐克文学家托马舍·列扎奇撰写的《索尔仁尼琴背叛的曲线》②。索尔仁尼琴在瑞士居住时,托马舍就认识他了。值得一提的是,历史学家尼·雅科夫列夫发表了长篇小说《8月14日》,其中涉及了索尔仁尼琴关于历史和军事的主要看法。晚些时候,出版了乔治·尼瓦的法文译本《索尔仁尼琴》③。这时,维克多·恰尔马耶夫急于用自己的《亚历山大·索尔仁尼琴》④ 教育青少年一代……终于,在2008年出版了柳德米拉·萨拉斯金娜的《索尔仁尼琴》。

我对索尔仁尼琴的关注,最初是从读关于他的文章开始的。后来我们通过信件互相鼓励,并且见了面。随着时间的流逝,他的论调变了,但是受关注的程度丝毫没有减弱。这一点促使我尽可能地读他的东西。读过的东西,我都做了摘录、剪报等。那

---

① 列舍托夫斯卡娅的《与时代争论》,新闻出版社,1975年。
② 列扎奇的《索尔仁尼琴背叛的曲线》,进步出版社,1978年。
③ 乔治·尼瓦的《索尔仁尼琴》,《文学报》,1992年。
④ 维克多·恰尔马耶夫的《亚历山大·索尔仁尼琴》,启蒙出版社,1994年。

时，我的出国旅行——包括去德国旅行和参加 1979 年 10 月在法兰克福举行的国际书展——具有重要意义。索尔仁尼琴的作品在这次展会上被隆重推介。不仅仅在展会上，我在法兰克福、慕尼黑、美因茨、科隆、波恩、奥格斯堡和伍珀塔尔的书店中问起俄罗斯文学时，递给我的第一部作品是《古拉格群岛》，之后才是托尔斯泰、陀思妥耶夫斯基和高尔基的作品。这些国内外的研究成果使我积累了丰富的写作素材。

索尔仁尼琴完全相信，他的所有作品，特别是他的主要作品《古拉格群岛》，绝对是无懈可击的。据他说，《古拉格群岛》在美国问世之前，美国出版协会就建议在美国广泛刊登指责的文章。"徒劳的慷慨！"索尔仁尼琴在小册子《透过烟尘》中骄傲地大声疾呼。除了邦达列夫刊登在《纽约时报》上的平淡文章和新闻社评论员的批评文章之外，没有任何公开的文章。接着，感觉更好："近五年中，没有写出任何批判性的文章。宣传机构面对《古拉格群岛》处于半麻痹状态：既没有更正，也没有反驳……无以应对。"最后往往令人欣慰："我的作品……在十四年中，他们不能用任何论据或事实回应我，因为他们既没有思想，也没有论据。"①

我不清楚，为什么当时我没有采纳美国出版协会的建议，回应《古拉格群岛》，如果它确实有地位的话。也许是因为当时的确没有想法和论据。众所周知，俾斯麦曾责怪俄罗斯人"套车慢"，而现在用产生的想法和论据来欺骗读者是有罪的。总之，更加全面地了解亚历山大·伊萨耶维奇·索尔仁尼琴这个人物的时刻到了。就让我们从关于他的第一本书开始吧。

---

① 索尔仁尼琴的《透过烟尘》，基督教青年出版社，巴黎，1979年，第三页。

致托马什·列扎奇

尊敬的托马什：

在关于索尔仁尼琴的书中，您多次把他作为受难者和难以置信的蒙难者介绍给读者。您写道："海明威认为，每一个作家都应该经受某种严峻的生活考验，比如战争、牢狱等。"不知您是否准确地转述了海明威的话，但重要的不在于此，而在于您下面说的话："索尔仁尼琴正是经过了这样的生活道路……走过了艰难的历程……经受了最严峻的考验。"

您并不孤独，许多人谈起他时都用"经历了火的考验"、"经受了地狱般的痛苦"、"十一年可怕的梦魇般的苏联劳改营生活"等来形容。

应该说，关于"索尔仁尼琴的生活道路"，我们主要是从他的短篇小说和他自己的讲述中了解到的。您写道："据他说，他经历了水与火、铜管与魔鬼的牙齿……"我在他的作品里没有看到这些话，但类似的话，他多次说过和写过。特别值得注意的是，他在《牛犊顶橡树》这本书中说："生活教会了我许多不好的东西，而对不好的东西，我总是容易相信。"请注意，他学会不好的东西不是在监狱里，而是在生活中。当然，旁观者不应该只看到不好的和沉重的，而应该在自己的命运中亲身体验这一切，以达到这种程度：不是有时候相信它，而是永远相信它。

那么，列扎奇同志，让我们一起去看一看索尔仁尼琴的一生，看一看他的生活是否真的是那么可怕，充满失败、痛苦和艰难，教会了他相信坏的事情即将发生。从索尔仁尼琴的出生地来看，他是个非常幸运的人。有许多俄罗斯作家出生和生活在布满灰尘的、嘈杂的莫斯科，在阴暗、寒冷的彼得格勒（列宁格勒），在沉寂的省城和偏僻、贫困的农村……而索尔仁尼琴则出生在疗养院，而不是托尔斯泰去治病的沙夫拉沃诺的小村庄（在那里，除了酸马奶酒和马粪的味道，什么都闻不到）。索尔仁尼琴的出生地点是：坐落在闻名全俄、享誉欧洲的著名城市基斯洛沃茨克市的俄国第一个疗养院。这个疗养院处于海平面以上九百米，那里有水晶一样洁净的空气，全年阳光充足，但夏天不热，秋天暖和且干燥，并且有着晴朗无风的冬天。这里全年的平均温度是零上 8.8 摄氏度。另外，这是纳尔赞矿泉水的产地。亲爱的托马什，不知道你们卡尔洛沃的树脂能否与我们基斯洛沃茨克的相比。难怪早在十九世纪上半叶，俄罗斯贵族就认为这个地方具有独特的魅力。

  未来的泰斗舒立克①是在冬天出生的。在城市里，与他同龄的孩子，包括莫斯科人、彼得格勒人、奔萨人和图拉人都被暖和的被子裹着。在农村，与他同龄的孩子则被羊皮袄盖得严严实实，在憋闷的小木屋里汗流满面地喘不上气来。而他当时则呼吸着令人精神焕发的高山上的空气，在暖暖的冬季阳光的照耀下，舒服地躺在摇篮里。他非常幸福地蜷曲着粉红色的双腿，可以不限量地使用纳尔赞矿泉水。易北河无与伦比的景观，使他睁开了蒙眬的双眼！这种疗养院从成立之初就起到了非常好的作用。我只想指出一点：看来，在生命的早期，充分地饮用纳尔赞矿泉水（卡巴尔达说，这是"勇士之水"），不仅使舒立克拥有了勇士般的力量以及很强的创作力，而且使他几乎完全不沾那毁掉了不少俄罗斯天才

---

① 亚历山大（即索尔仁尼琴）的爱称。——译者注

从梁赞寄往莫斯科的信

的酒。在前线时,他给妻子写信,谈到了冬季部队发给他们的伏特加酒:"想象一下,它能使人快乐,尽管总共只有一百克。我都喝光了!"他大概是想与妻子分享第一次喝酒的感受。他当时二十五岁……

他还这样说道:"去他妈的!我不会每天喝的,这对我有害。以后我把它换成糖。"每天喝纳尔赞矿泉水不仅无害,而且有益。当然,如果每天能用一百克伏特加酒换一瓶纳尔赞矿泉水就好了。可是,在战场上根本找不到它,只能拿糖代替了。不过,这种待遇只有战地军官才有:从甜食到诺贝尔奖。顺便说一下,当时还没有"糖就是白色死亡"的说法。要不然,索尔仁尼琴就把自己的一百克伏特加酒换成其他东西了,比如从美国运到前线的猪肉罐头。

可能是我离题太远了。不久,小舒立克便与母亲一起搬到了顿河畔的罗斯托夫。亲爱的托马什,您是否有机会在这个城市居住?我不止一次到过这里。当然,在二三十年代,它是另外一个样子,但当时它的许多长处毋庸置疑:城市大,绿化好,坐落在离海四十五俄里的河畔,高加索山触手可及。更重要的是,这里拥有剧院和大学!现在"大学城"的概念几乎消失了:现在大学很多。而当时国内的大学寥寥无几,大学城具有特殊意义和重要性,并且有着不寻常的吸引力和公信力。人生最大的幸运——特别是对一个打算成为作家的人来说——就是成为这个城市的居民。索尔仁尼琴与母亲一起从基斯洛沃茨克搬到罗斯托夫时,这种幸运便降临到了他身上。

说实话,有一件令人难过的事:索尔仁尼琴的父亲在儿子出生前就死了(或牺牲了)。这种情况在那个时期并不罕见。帝国主义战争刚刚结束,国内战争还在进行中，饥饿和传染病夺走了几百万人的生命。见到无家可归的孤儿，谁也不会感到惊讶。索尔仁尼琴遭的罪要少一些，不过可以看出，在很大程度上，富于自我牺牲精神的母亲的呵护使他少受了不少罪。

母亲是速记员。她收入不菲，不仅能供儿子上中学，而且供儿子上了大学。他不用去打工，在整个学习期间都不用去挣零用钱，而当时在中学生当中，特别是在大学生当中，打工现象非常普遍。这样的母亲难道不是命运赐给他的礼物吗？

有一次，索尔仁尼琴说："我的童年是在排队中度过的——买面包、买米。"是的，当时很困难，孩子们不得不去排队。但是，有理由认为，他比同龄人轻松，排的队要少些，正如另外一次他说的："我在无数次的礼拜中度过了童年。"他常常有机会赞扬"天上的哈利路亚"，这种机会当然是母亲给予的。

命运几乎没有赋予索尔仁尼琴卓有成效的脑力劳动所必需的东西，比如勤劳、刻苦、健康。最终，命运慷慨地给了他更多的野心，而野心则成了他创作的主要动力之一。凭着自己出类拔萃的天赋，索尔仁尼琴在中学、大学时学习优秀。但是，亲爱的托马什，难道您没遇到过那些在工作中取得出色成绩的有才华的人，那些不善于展示自己的默默无闻的人吗？索尔仁尼琴从来不这样。他善于展示自己的才能，从而得到支持和鼓励。刚上中学时，他就当上了队长（当时这样叫，后来叫班长）。上大学时，他获得了当时的最高奖——斯大林奖学金，数额比普通奖学金高好几倍。这不是他崭新的巨大成功吗？说实话，要获得斯大林奖学金，不仅需要成绩优秀，而且要参与社会工作，政治上也要积极上进，还必须参加业余文艺活动，并且要参加所有共青团组织的活动。

1939年夏天，他考上了莫斯科历史、哲学、文学研究所函授部。这对于还没有获得令人骄傲的斯大林奖学金的地方青年来说，无疑是巨大的成功，具有极大的吸引力。要知道，历史、哲学、文学研究所享誉全国！

索尔仁尼琴在1940年领取最高奖学金之前，有一年半没有拿到奖学金。值得注意的是，很明显，要想到莫斯科去学习，需要很多钱，而奖学金还没有发。索尔仁尼琴的母亲要想凑齐这些钱，只能是不断地工作。关于母亲如何为自己的舒立克付出一切，值得一提的是1936年买自行车的事，大概是在他十年级毕业时为了奖励他而买的。您是否知道，亲爱的托马什，三十年代中期，一辆属于个人的自行车在我国意味着什么？相当于现在的捷克斯洛伐克私人的"塔特拉"牌汽车或者我们的"伏尔加"。可我们十七岁的索尔仁尼琴从母亲那里得到了这样的"伏尔加"。

车子没有闲着。1937年夏天，上大学时的第一个假期，他和好友尼古拉·维特科维奇骑车沿着格鲁吉亚的军事路兜风。大学二年级结束之后，他已经沿着克里米亚和乌克兰的道路转悠了。上了三年级之后，他们跑到了喀山，花二百二十五卢布在那儿买了一条船，沿着伏尔加河顺流而下，来到不久以前改叫"古比雪夫"的萨马拉市，在那儿把船卖掉，得了二百卢布。回到家之后，他们去了莫斯科，一起进入了历史、哲学、文学研究所。在此之后的一个夏天，索尔仁尼琴是这样计划的：6月中旬到7月底在莫斯科参加历史、哲学、文学研究所第一学期的考试；7月底到8月底，和娜塔丽娅·列舍托夫斯卡娅在塔鲁萨度蜜月。索尔仁尼琴的婚姻也许又是福耳图娜女神赐予他的非凡礼物。实际上，许多人会爱上像娜塔丽娅·列舍托夫斯卡娅这样的姑娘。普希金对这样的姑娘是这样形容的："您是大自然的宠儿，因为她曾对您倾心。而我们永恒的赞美，您却认为是令人厌烦的颂歌……"

列舍托夫斯卡娅的确是大自然的宠儿，她既漂亮又聪明，富有才华。后来，她成了一名出色的学者，工作得很出色（副教授，系主任）。而作为钢琴家，她受到过世界著名的音乐家和作家的夸奖。是的，很多人会爱上这样的姑娘。但是，不是所有的人都能把她追到手。索尔仁尼琴爱上了她，并娶她为妻，这令几乎半个罗斯托夫的年轻人对他产生了嫉妒。

列舍托夫斯卡娅回忆他们在安静的、充满诗意的塔鲁萨度蜜月的情景时，是这样说的："我们租了一个独立的农舍。我们在森林中散步。在白桦树的树荫下，我丈夫大声地朗读叶塞宁的诗集或托尔斯泰的《战争与和平》，寻找两个娜塔莎之间的共同之处。"这些都发生在1940年。

1941年6月22日，索尔仁尼琴重新来到莫斯科参加考试。我不知道那次他是否通过了考试。

总之，中学毕业之后，索尔仁尼琴每个暑假都会骑车或坐船去旅行。由此，至少可以得出两个结论。

首先，这个年轻人即使在假期也不白白浪费宝贵的青春岁月。他不会像许多同学那样去挣钱，而宁愿在这个时候去欣赏达里亚大峡谷和日古利山的美景。他漫步在山间小路……听大海的波涛声和伏尔加河波浪翻滚的声音……与爱人在塔鲁萨白桦树的树荫下怡然自得地思考她与托尔斯泰作品中的女主人公的相似之处……在晚些时候，他开始给苏维埃政权抹黑，把其所有的制度都说成是残忍的、奴性的。他忘了，所有这一切，包括罗斯托夫大学、第一流的莫斯科研究所、高额奖学金和他度过的自由自在的假期……他忽然想到，他不是党的高级领导人、军官、贩毒者、科学院院士的儿子，而只是孤单的速记员的儿子。

其次，您错了，列扎奇同志，您在提到索尔仁尼琴的童年和青年时，说他是"不太机灵的"，外表让人感觉"神秘而冷酷"。总之，您塑造了一个病态的隐士的形象，而他的实际情况却与此相矛盾。要想完成沿着山路骑车或在河中乘船的长途旅行，就要有强壮的身体。从年轻的时候开始，索尔仁尼琴就有了健康的身体。

他当过队长、班长，是一名要求上进的共青团员。他是墙报的编辑，业余文艺小组的参加者。在大学时代，学校组织了互助小组。除了索尔仁尼琴和列舍托夫斯卡娅以外，尼古拉·维特科维奇、丽达·叶热列茨和基里尔·西蒙尼扬也参加了这个小组，这您是清楚的。所以，他不会是性格孤僻的人。

索尔仁尼琴一生都有着强健的体魄。他机智、敏捷，有着很强的交际能力和充沛的精力。最后，让我们来仔细研究一下索尔仁尼琴少年时期在罗斯托夫的生活。根据您在自己的书中所引用的资料，他的父亲和母亲分别出身于地主和畜牧主的家庭。因为有这样的父母，许多人不同程度地受到过迫害，而索尔仁尼琴却一点儿也没有受到迫害！他的出身丝毫没有影响他上中学、加入共青团、上大学、获得"斯大林奖学金"、去军官学校学习、去首都的研究所工作、迅速地晋升职务、获得勋章。

所以，您是在说，在拉斯托夫的时候，伴随他的只有成功和运气？不，我们的主人公在这一时期还有一个大的飞跃：他希望自己成为演员。十年级毕业后，他曾尝试报考当时位于拉斯托夫的尤里·扎瓦德斯基剧院，但没考上，据说是因为他的发音不行。于是，他只能在大学业余文艺演出中扮演情人的角色。但是，这次失败只是暂时的和相对的，索尔仁尼琴仍然在施展自己的演员才能，在世界的范围内起着榜样的作用……

索尔仁尼琴与陀思妥耶夫斯基

索尔仁尼琴与陀思妥耶夫斯基

正如我们所看到的，其他作家在谈到索尔仁尼琴时，热衷于以各种方式提起伟大的俄罗斯作家的名字。被提到最多的是陀思妥耶夫斯基和托尔斯泰的名字：你看，这是陀思妥耶夫斯基再世；你看，这是我们时代的托尔斯泰。可遗憾的是，这些表白没有任何依据。如果说我们这里只有一部分作家拿索尔仁尼琴与托尔斯泰和陀思妥耶夫斯基相比的话，那么在西方就把这种比较运用于实际生活。我们不能和西方用同样的方法去看待问题吗？我们感兴趣的是，这会把我们引向何方。

布尔索夫在《陀思妥耶夫斯基的个性》（列宁格勒出版社，1982年）一书中描写伟大的作家时写道："他经常与那些他不熟悉的著名作家和思想家的思想一致。"是的，陀思妥耶夫斯基不了解《古拉格群岛》，没有大量地读过索尔仁尼琴的书，不可能发生"到黎明才把书放到枕下"的情况。我想，这毕竟是对"相似性"和"共性"进行论述的重要依据：这些作家都不是一开始就被人关注的，他们的生平有许多惊人的相似之处。

读者可以这样说："著名的文学评论家评论杰出的作家时，难道可以把索尔仁尼琴列入其中吗？"我们暂且这样回答："索尔仁尼琴享有很高的声誉，他的著作在许多国家出版，那么不管你们是否接受这个事实，他都无疑是个杰出的作家。"但是，他的声望是否与他做出的贡献相符，这个问题是要澄清的。托尔斯泰在《谁该向谁学习》一文中，把农民的孩子费季克与歌德相提并论。为了进行分析，不该有任何禁区。他有权选择论证的方法，准确地说，就是他有权选择获取真相的方法。

布尔索夫写道："陀思妥耶夫斯基的一生充满了意外和偶然……充满了传奇色彩……即使是自传体的短篇小说和回忆录也不是充满自信地完成的。"我们有充分的理由把这些用在索尔仁尼琴身上。

两位作家出生的时间非常相近：一位出生于1821年11月19日，另一位出生于1918年12月20日。两位作家的父亲——米哈伊尔和伊萨克——在年轻时就去世了，这是个谜，至今未能搞清原因。米哈伊尔死于1839年6月，伊萨克死于1919年3月。

陀思妥耶夫斯基从青年时期开始为自己突发癫痫而感到痛苦，这可能是他父亲遗传给他的莫名其妙的神经系统的疾病，发病原因至今搞不清楚。一次，他在发病时右眼受了伤，导致瞳孔过度扩散。索尔仁尼琴从童年开始也有时因神经系统紊乱而发病。上中学时，有一次由于老师的严厉训斥，他发病摔倒了，磕伤了额头，落下了终身的疤痕（有些人以为这是在战场上负伤之后留下的）。

陀思妥耶夫斯基在莫斯科列昂季·切尔马克寄宿学校上学时，学习很好。后来，他进入了彼得堡工程学校，熟悉并热爱工程方面的课程。索尔仁尼琴无论是在中学还是在拉斯托夫大学数学物理系，无论是在莫斯科大学函授部还是在历史、哲学、文学研究所，都绝对是出色的学生。据他的熟人反映，他精通并热爱数学。他们两个人几乎在同样的年龄被捕、被判刑：陀思妥耶夫斯基二十八岁，索尔仁尼琴二十七岁。前者的全部刑期是在西南地区度过的，而后者在西伯利亚度过了部分刑期之后，也来到西南地区服刑。过了十年，当他们已经快四十岁时，两个人都因大赦而获得了自由，在俄罗斯中部恢复了正常生活。他们两个人都经历了几次求婚和两次婚姻。第一次都是因炽烈的爱情而与自己的同龄人结了婚。比如，陀思妥耶夫斯基在 1856 年 12 月 21 日写给 A. E. 弗兰格尔的信中谈到自己的感受时，是这样说的："她对我说，她爱我……啊！如果你知道这个女人有多么好……"索尔仁尼琴在过了许多年之后回忆起了写给前妻列舍托夫斯卡娅的一封信："我觉得，从我彻底地、不可改变地爱上你那天算起，到今天整整二十年了……另外一天是休息日，我沿着普希金林荫道（顿河畔的罗斯托夫）散步，爱得发疯。"① 尽管这两个人都是以这样的激情爱自己的伴侣，但并没有发生"不可改变"的事情：陀思妥耶夫斯基在妻子生前就写了与阿波利娜丽娅·苏斯洛娃有关的充满痛苦和不安的长篇小说。索尔仁尼琴的情况更加复杂。1952 年春天，列舍托夫斯卡娅没有等到丈夫归来就和另外一个人开始了新生活。一年后，索尔仁尼琴从劳改营出来，作为流放犯被发配到哈萨克斯坦江布尔州科克－捷列克村。度过了三十四年的单身生活之后，他考虑结婚是很自然的。经过思索，他开始向自己喜欢的女子求婚。1955 年夏天，他从科克－捷列克来到了卡拉干达，打算在那里与一位经过通信认识的女子结婚。唉，他的这种组成家庭的时髦方式在当时没有获得成功！他没有浪费时间，于次年夏天奔向乌拉尔，希望在那

---

① 见列舍托夫斯卡娅的《与时代争论》，莫斯科，新闻社，1975 年。

里通过老掉牙的媒婆介绍的方法建立家庭。在那里，居然有一对"媒人"——祖博夫夫妇，他们是索尔仁尼琴在流放时期的朋友。他们向自己的侄女娜塔莎①提了亲。可是，唉，不管用老的求婚方式还是用新的求婚方式，从卡拉干达到乌拉尔，在祖国广袤的土地上，索尔仁尼琴始终没有获得成功的婚姻。于是，他又想起了另外一个娜塔莎——自己的前妻。他很快便成功地使她回到了自己身边，准确地说，他是为自己回到她所在的梁赞创造了条件。

尽管索尔仁尼琴向妻子发誓，在六十岁时爱她"会像十八岁爱上她时一样"，但是过了几年，他却与一位我们不熟悉的来自列宁格勒的女士有了秘密的浪漫史。但是这个浪漫史没有导致分手和新的婚姻，没有使他像陀思妥耶夫斯基那样结婚。列舍托夫斯卡娅是这样解释的："生活方式的转变，可能对创作造成影响。因此，亚历山大决定对其他女人释放自己的情欲。"过了几年，他又有了新的浪漫史。唉，这次一发而不可收！索尔仁尼琴与娜塔丽娅·列舍托夫斯卡娅离了婚，娶了娜塔丽娅·斯韦特洛娃（如果算上乌拉尔的那个，这已经是他生活中的第三个娜塔莎了），从梁赞搬到了莫斯科。第二次结婚，两个人都快五十岁了。很久以前，陀思妥耶夫斯基再次因炽烈的爱情而结了婚。关于索尔仁尼琴的这个问题，无确切的材料证实。他们的第二任妻子不像第一任妻子那样，是丈夫的同龄人，而是年轻了许多：陀思妥耶夫斯基的第二任妻子比陀思妥耶夫斯基小整整二十五岁，而索尔仁尼琴的第二任妻子比索尔仁尼琴小二十岁。两个女人都不完全是俄罗斯族：陀思妥耶夫斯基的安娜·格里戈里耶夫娜的母亲是俄罗斯化的瑞典人，而索尔仁尼琴的娜塔丽娅·斯韦特洛娃则是信仰基督教的

---

① 娜塔丽娅的爱称。——译者注

犹太人①。在第二次婚姻中，他们两个人都有了两个孩子，而他们在第一次婚姻中都无子女。

用我们文学的标准来说，两位作家的寿命都很长：古典作家活了将近六十岁，而我们的现代作家则活了将近九十岁……他们的生平很相似，难道不是吗？奇怪的是，这些没有被分析家们用来作研究的资料。

在文学创作方面，也有许多有意思的地方。陀思妥耶夫斯基和索尔仁尼琴从童年时代起就幻想着自己能够写作，因此他们很早就开始了写作的尝试。于是，前者还是小孩子的时候便创作出

---

① 列扎奇写道："她出生于犹太家庭。"他与著名的孟什维克领导人、作协成员雅库博维奇交谈过。索尔仁尼琴大概是在监狱里见过他。已经获得自由的雅库博维奇向他提供了一些1917年的历史资料，其中明确地记录了1975年6月6日安德罗波夫在中央委员会上的事情。后来，他后悔了。但雅库博维奇怎么知道斯韦特洛娃的民族呢？列扎奇引用了他的话："索尔仁尼琴让她信东正教，她信了，而他则成了她的教父。"从这一点来看，她怎么也不应该是犹太人。而作为俄罗斯人，她可以不信教，这对于1936年出生的人来说不足为奇。列扎奇自己这样想："斯韦特洛娃母亲的名字是叶卡捷琳娜·费迪南多夫娜。难道'费迪南德'是这种特殊的犹太人的名字吗？唉，费迪南德·拉萨尔……还有谁？"在《著名的犹太人》（莫斯科，2000年）一书中有一百八十个名字，我没有从中找到一个"费迪南德"。名字远不是确定民族的可靠办法。比如，在沙皇的军队里有一个炮兵将军尼古拉·尤多维奇·伊万诺夫。怎么，他是犹太人吗？而现在电视上出现的伊万·德霍维奇内呢？怎么，他是俄罗斯人吗？至于斯韦特洛娃的民族，安德罗波夫1976年10月12日在中央委员会上的记录比较可靠些，她在会上说自己是俄罗斯人（《克里姆林宫私刑》，莫斯科，1994年，第552页）。当然，即使他的母亲是费尔南德·拉萨尔（1825—1824）的女儿，她也完全可以认为自己是俄罗斯人。拉萨尔是全德工人联盟的组织者和领导人，而斯韦特洛娃在国际工人运动学院工作，那么她是否会踏着前人的足迹向前走呢？

了描写威尼斯商人生活的中篇小说，后者以梅恩·里德为题材创作出了自己的作品。他们在文坛初次登场时的特征也很相似：都创作了不长的作品，都引起了强烈的反响。继《穷人》之后，陀思妥耶夫斯基发表了中篇小说《双重人格》和《女房东》。新作品的发表，骤然改变了昔日最忠实的拥护者和崇拜者对他的态度。发生了很奇怪的事，其著作瞬间被认为与他发表的第一篇作品相比，远远没有那么成熟，完全不像是出自作家之手。

在索尔仁尼琴那里也同样发生了如此急剧的变化。《伊万·杰尼索维奇的一天》发表了之后，简直被捧上了天，而短篇小说《为了事业的利益》、述评《扎哈尔的袋子》、长篇小说《癌症楼》……这个有着极高知名度的作家十分缺乏经验。

他们两个人的工作量都很大，成果都很多，创作形式都是多种多样。"上帝用创作灵感包围了我，真的把我包围了。不仅仅是灵感，还有长期的思考……"出自于他笔下的文学作品雪崩似的接连不断地被发表：《癌症楼》、《第一圈》、《古拉格群岛》、《牛犊顶橡树》，还有大部头的十卷本《红轮》、两卷本的巨著《在一起二百年》，以及其他一些中篇小说、歌剧、短篇小说、回忆录……只有天才和狂人才会写出这么多的作品。

关于索尔仁尼琴，一些研究人员认为，书中人物的原型主要就是他本人。另外一些人的看法有所不同：伟大的小说家不是自己书中一个人物的原型，但是很明显，他是在写自己。也就是说，作为文学家，他首先要"挖掘自己"。索尔仁尼琴更为自觉、更加全面地对自己进行了"挖掘"。通读了他的作品便不难看出，长篇小说《第一圈》的主人公涅尔仁的原型便是作家本人。涅尔仁向好友承认："我对现实生活一向缺乏了解，是个书呆子。我后悔……"而涅尔仁这一形象的塑造者也在给妻子的信中忏悔道："……长到三十岁的傻瓜，读了上千册书，却既不会磨斧子，也不会把锤子头安到锤子把上。"

最有趣的是，用现在流行的话说，两个人的行为都带有偶然性。

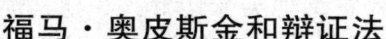

福马·奥皮斯金和辩证法

让我们来继续进行比较……布尔索夫写道:"陀思妥耶夫斯基因为自己有特殊的性格而感到恐惧。他为自己的智商感到担心,但我要说,他不仅脑子里装的东西特别多,而且有极强的辩解能力,能把错误的结论说成正确的。"

索尔仁尼琴没有因为自己有特殊的性格而感到恐惧,相反,他非常喜欢自己的这种性格,尽管有时他会责备自己。

索尔仁尼琴无论是对关于自己的事实和现象,还是对具有更加广泛意义的事实和现象,都有非凡的研究能力。比如,由于我们没有出版十九世纪二三十年代的一些作家的作品,他感到很气愤,但当这些作品得以出版时,他仍然感到很气愤,并且用极其恶毒的语言来抨击这本书。

有一次,亚历山大·伊萨耶维奇参加了苏联作家协会秘书处的会议,并且认真地记下了桌上摆的所有食物:柠檬汁、矿泉水、高级果酱、浓茶、巧克力糖。"这些都是用人民的钱换来的!"人民的保护者在心里气愤地大声疾呼。但在另外一次会议结束之后,他指出,端进新世界杂志社主编办公室的(不是天天有)只有"茶、饼干和面包干",这就是他们"殷勤款待的最高规格"。人民的保护者应该为后面这种情况感到高兴:这是在保护国家资产!可是,人民的保护者却以公平的态度充满激情地谴责了这两件事:作家协会的柠檬汁和巧克力糖削弱了国家的经济和军事实力,而新世界杂志社的面包干则说明出版社十分吝啬①。

---

① 不过,新世界杂志社当时的工作人员拉克申在回忆此事时,却有着完全不同的叙述:"往办公室里端的托盘里放着一大杯茶和应亚历山大·特里丰诺维奇的请求从契柯夫花园街角的蓝色亭子里买来的软软的新鲜面包圈。"(见《文学观察》,1981年第六期,第101页)。真不知道该相信谁!

1975年,他在国外的一次演讲中,使听众们了解到了我们国家的"乞丐生活水平"。他很气愤,因为过去监狱和劳改营的伙食确实很简单(为什么在那里要赏给他美味佳肴?),他气愤地高声叫喊:"现在,我们的杂货店里食品充足!"在此,使我们感兴趣的还是那种辩证的思维,即在不同的地方、针对不同的听众,确认国内的"乞丐生活水平"和"生活的富足"这两种截然不同的观点。

有一次,索尔仁尼琴对美国人发表了长篇演讲,结尾时这样说:"我今天也许干涉了你们的内政,请原谅……"① 请求原谅仅仅是因为干涉了内政——多么辩证的思想!我们的主人公坚决反对干涉别国内政,特别是反对干涉美国的内政。稍早些时候,在对美国人发表讲话时,他带着某种诅咒请求道:"我对你们说,请更多地干涉我们的内政……我请求你们干涉!……"②

索尔仁尼琴花费了不少口舌,就是为了证明:我们的国家安全局工作拖沓、不认真、不专业。用他的话说,这些克格勃都是不称职的蠢货。我们姑且相信他的话。1975年,美国人在我国举办了刑事侦查学技术展览。他甚至不喜欢两国以这种形式进行交流,暗中诽谤美国:"应该了解克格勃的灵活性:这种技术只要在苏联保安看护下的住宅里被应用两到三周,甚至被应用两到三天就足够了,以便让克格勃的人研究之后重新编码。怎么会这么笨!……他们会像复制英国跳蚤一样巧夺天工地复制一份美国的超级……"

在谴责与侵略者合作的那些人时,索尔仁尼琴显示出了极高的辩论才华。他评价这种合作是"自由主宰自己的身体和个性"。是的,一些人献出了自己的身体和个性,用生命来保卫祖国,这完全符合索尔仁尼琴关于人权的概念。在此,他甚至呼唤人类伟

---

① 见《俄罗斯思想》,1975年7月17日。
② 见《俄罗斯思想》,1975年7月17日。

大的精神财富:"是的,难道不是所有的文学都在讴歌爱情的自由吗?……"

这是多么有趣的画面:德国法西斯大兵摧毁了别国的边界,却说是把欧洲各国人民从国家差异的束缚中解放了出来。难道是为了自由,他们才发动的战争?他们制造毒气杀人汽车,建立集中营,建造火葬场……法西斯德国的毒气杀人汽车并不是最有杀伤力的,侵略者的彬彬有礼才是最可怕的。要知道,那些人不是被武器征服了,而是被"殷勤、彬彬有礼"征服了。他准备原谅这些可怜的"五年计划青年",甚至可能同情他们。

我们已经无法忍受,而索尔仁尼琴却在为那些人辩护:"根据年龄判断,他们与敌人不是在战斗中,而是在床上相遇……他们是十月革命后在苏联的学校里受的教育!我们要对我们种下的果实发怒吗?"所以,不管他们做了什么卑鄙下流的事情,犯了什么罪,辩解者都告诫我们,我们无权对恶棍发怒。记得很久以前,全世界的恶棍曾有过最忠诚的拥护者,但是幸好他们中没有人活到纽伦堡审判。

显然,亚历山大·伊萨耶维奇本人也完全持这种观点:我们有什么权利对他的身体和个性发怒呢?要知道,他是在十月革命后出生的,在苏联的中学、大学里读过书,获得过斯大林奖学金,参加过业余戏剧小组。

索尔仁尼琴在声名显赫之时,有一次被派到了犯罪原因研究所,目的显然是了解该机构的工作情况及研究成果。他与副所长进行了详细的交谈。一切顺利,可后来却发生了如下事情:副所长把客人送到走廊时,突然提议让他去认识所长。完全看得出,那个人的动机是善意的,因为拜访所长时可以获取某些重要的补充材料,使他对自己所感兴趣的问题认识得更加深刻。而索尔仁尼琴却用辩证的方式评价了副所长的这一做法:"用欺骗把我蒙在鼓里……拜访不在计划之中!我们已经讨论过所有问题,为什么还要拜访所长?"总之,在他眼中,善意与欺骗和

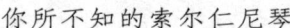

背叛是等同的。

索尔仁尼琴被驱逐出境时，在前往法兰克福的飞机上，自然有两三个公职人员随行。他以极度怀疑的目光注视着他们。当确信他们手中没有武器时，他感到了些许的安慰。"我明白什么是张开的手掌。"我们的主人公后来说，"张开了手掌，大家就能看到里面没有石头。"在这里，他亲眼看到了手掌的张开过程——里面没有石头。但转瞬间，辩证的思维方式便使他产生了完全不同想法："是的，所有人的手都是空的，也就是说，是自由的。"于是，在飞往法兰克福的飞机上，在剩下的两个小时里，他紧张地等待着，等待他们直接在飞机上用自由的双手惩罚他，开始令人震惊的屠杀，就像剧团迁往达克劳斯时，他们用地毯把阿尔卡什卡·夏斯利夫采夫卷起来那样。到了目的地之后，他们把阿尔卡什卡痛打了一顿。而对于索尔仁尼琴，他们会更加得心应手，可以从八千米的高空把他扔到易北河或美因河里，这对他们来说太简单了！事后会宣布：诺贝尔奖得主因打架斗殴或试图夺机，从飞机上掉了下去。

在全面地比较索尔仁尼琴和陀思妥耶夫斯基的家庭生活之后，便会发现，索尔仁尼琴具有超常的辩证思维能力。结婚、离婚、再结婚，在这个过程中，他在不停地与别人竞争。

1854年春天，陀思妥耶夫斯基在谢米巴拉金斯克爱上了玛丽亚·德米特里耶夫娜·伊萨耶娃。她是已婚妇女，丈夫亚历山大·伊万诺维奇·伊萨耶夫是个中学老师，患有肺病并经常酗酒。陀思妥耶夫斯基看到自己心爱的女人和她年幼的儿子如此痛苦，却想不出改变其命运的办法。不过，亚历山大·伊万诺维奇很快就去世了。这样一来，问题就解决了。竞争对手死了，爱的路上再也没有障碍了。那么，陀思妥耶夫斯基对竞争对手的死亡是怎样看待的呢？在那些日子里，他给弗兰格尔写信说："也许您不会相信，我十分同情他，并且十分难过。也许，只有我才能对他作出公正的评价。"

索尔仁尼琴与陀思妥耶夫斯基

陀思妥耶夫斯基说那些话时态度是否真诚，确实值得怀疑。命运好像在故意捉弄他：伊萨耶夫被派到库茨涅茨克服役，就在那里去世了。于是，年轻、有魅力的寡妇有了新的追求者——尼古拉·鲍里索维奇·韦尔图诺夫，也是个老师。显然，这对留在谢米巴拉金斯克的陀思妥耶夫斯基构成了巨大的威胁。他当时写道："我惶恐不安，希望她不要嫁人……"玛丽亚·德米特里耶夫娜最终成了陀思妥耶夫斯基的妻子。我们中间有些人会为此感到高兴，而有些人却会蔑视陀思妥耶夫斯基！而陀思妥耶夫斯基此时在做什么呢？他正忙着让自己的竞争对手去服役。他恳求弗兰格尔："我恳求您！现在他对我来说比亲兄弟还宝贵，他值得……我就是想为他做些什么。想想办法吧，我视您为亲兄弟……"弗兰格尔认为，这种"对自己竞争对手的无微不至的关怀"，充分证明了陀思妥耶夫斯基的"崇高、善良、大度"。

那么，索尔仁尼琴是如何对待自己的竞争对手的呢？

让我们来回顾一下他的历史。1940年4月底，他与列舍托夫斯卡娅结婚。1941年10月中旬，他应征入伍。因此，他们的家庭生活只持续了一年半，之后就是长久的分离，偶尔会有短暂的见面。1951年夏天，也就是他们分居快到第十个年头时，列舍托夫斯卡娅这样描述自己的心态："我的表妹娜佳刚刚生了马里诺奇卡，可爱的、虎头虎脑的……冬尼娅的加尔卡已经六岁了，骑着小自行车来回跑……而我却总是没有孩子……"我想，这种伤感、嫉妒的话从一个三十三岁的守活寡的人嘴里说出来，是完全可以理解的。她接下来写的也完全合情合理："我感觉我和萨尼亚①的幸福遥不可及……他已经不把我看作一个有血有肉的人了……模糊了……我们好久没见面了。最近的一封信是在秋冬季节寄来的，收件人是尼娜阿姨。自然，包裹和明信片就变成了一

---

① 索尔仁尼琴的爱称。——译者注

种奢望。壁炉里的火渐渐熄灭……远方爱人的形象渐渐模糊……"

而当我在基斯洛沃茨克收到弗·斯的信时，才感觉到了自身的价值……鳏夫弗·斯是化学副教授，坚持不懈地追求她。经过无数次的犹豫和动摇，1952年春天，与丈夫分开的第十一年的春天，她终于决定把发生的事情如实地告诉他："我将不再为自己辩解，也不再自责。这么多年过去了，我无法保持我的圣洁，开始了真正的生活……我给萨尼亚写信说，我有了家，真正的……"

列舍托夫斯卡娅在梁赞生活。他们实际上分开了十五年。年轻的、精力充沛的女人经历了长年的孤独之后，终于扯断了令人痛苦的恋情。从人性的角度上来讲，这是完全可以理解的。她把这些如实地告诉了索尔仁尼琴。新丈夫很爱她，她对现在可靠、稳固的家庭感到很满意。新的家庭生活持续了五年。新丈夫有两个孩子，列舍托夫斯卡娅需要与他们搞好关系，而对孩子们来说，她取代了他们死去的母亲。

尽管发生了所有这一切，但是为了让前妻回到自己身边，索尔仁尼琴果断地采取了非常有效的措施。更准确地说，是他回到了前妻身边。他使用了一切办法：充满感情地回忆过去，让共同的熟人安排他们在莫斯科秘密约会，还写了一首诗：

夜晚的雪，
使我回忆起林荫道。
你的领子，你清脆的笑声……
小雪球在闪耀！呼出的气息……

列舍托夫斯卡娅是个受过教育的、有美学修养的人，是个有才能的音乐家，但作为一个女人，她也有脆弱的一面。显然，这首诗起到了关键性作用。许多年以后，她说："与萨尼亚约会时，

索尔仁尼琴与陀思妥耶夫斯基

他的诗触动了我的心灵。"① 下面的事情就简单了。第一次约会之后,过了三四个月,列舍托夫斯卡娅与新丈夫的感情破裂了。又过了一个半月,索尔仁尼琴成了她家的主人。

我们的主人公如此疯狂地要把前妻追回来,这说明了什么呢?马克西姆·高尔基在二十年代两手空空地返回祖国时,索尔仁尼琴说他是为了金钱和荣誉才回到了祖国。这种说法是毫无根据的,作家回国的理由可能很简单,就是出于对自己爱人的爱。

如果说马克西姆·高尔基决定回国不是因为爱情,而是出于个人利益的考虑,那么他为什么没有对我们说呢?况且,他的经历是令人同情的:与列舍托夫斯卡娅的长期分居;试图和其他女人结婚;当时生活很困难,拿着微薄的教师工资,在偏僻的弗拉基米尔村向女房东租了一个角落。而他的前妻是科学院的院士、副教授,在离莫斯科不远的地方工作,任教研室主任,收入近四百卢布,住着两居室。现在的人也不过如此,真的非常不错。在当时(1956年),她是很有诱惑力的,特别是对于一个被长年关押和流放、刚刚恢复正常生活的人来说。最主要的是,他决定致力于文学创作,需要时间和良好的生活环境。

是的,我们可以设想,所有这些都是可能的。有些事情更让我们感兴趣:他将如何对待那个不得不离开心爱的女人和心爱的家的、快五十岁的、即将独自带着两个年幼的儿子生活的竞争对手?索尔仁尼琴正好比自己的竞争对手小十岁,而陀思妥耶夫斯基则比自己的竞争对手大十岁。还有一个特殊情况:列舍托夫斯卡娅写道,在征得她的同意恢复共同生活之后,萨

---

① 下面我将不再过多地引用索尔仁尼琴的诗。我想让读者相信,我们没有剽窃他的作品,没有剥夺无价的美学珍宝。关于作家打算在《新世界》杂志上发表那些诗的事,拉克申是这样回忆的:"索尔仁尼琴把自己的诗给了特瓦尔多夫斯基本人。这么说吧,是以一个朋友的身份给他的,而特瓦尔多夫斯基认为这不合适。"

尼亚认为有义务提醒她，他病得很重，肯定活不长，可能一年或两年……这是因为，索尔仁尼琴彻底破坏了别人的家庭之后，才意识到自己可能活不了几年了！而被流放的竞争对手却没有意识到这一点。

在此之前，还发生过一件事。索尔仁尼琴向妻子承认，他爱上了其他女人。他的妻子像许多处于这种状况的人一样，回答说："如果感情如此强烈，无法克制，那就收拾自己的东西，到情人身边去；如果只是私通，那么为什么要谈论她呢？"这样的回答深深地伤害了亚历山大·伊萨耶维奇。他认为，她这样做只是为了找理由把他赶出家门。

生活、爱情和死亡

就像我们提到过的那样，陀思妥耶夫斯基是个富于激情、容易冲动的人。在他的生活中，发生了不少离奇的突发事件，而索尔仁尼琴则一切都是经过斟酌的、有预谋的。谈到自己时，索尔仁尼琴一再说："我的计划是这样的……我有了新的计划……这种计划搞得特瓦尔多夫斯基措手不及……"

在大学时代，索尔仁尼琴学习了各种知识，做了许多摘录，这正说明他热衷于计划和规划。他用卡片分类摘抄了达里的巨著《俄罗斯民间谚语》。列舍托夫斯卡娅回忆称："阅读、记录、摘抄、重新分类……我重新把谚语用打字机打了出来。我丈夫梦想在家里有一个专门堆放谚语卡片的地方，以便随时抽出来使用。"这真是"死读书人的蓝色梦想"啊！这个愿望好像没有实现……在梁赞生活的时候，索尔仁尼琴第一次想到要去列宁格勒。他准备了很久，做了大量有关城市中的历史名胜的卡片。旅行前的几个月，他甚至把这些卡片抄给梁赞的《真理报》，以便登载在本市新闻版。

索尔仁尼琴与陀思妥耶夫斯基

他认真计划着自己如何在文坛首次亮相,很有时间观念:"不能出错!不能提前出场,但是晚一点儿也不行!"

后来,在"现代人"剧院即将上演索尔仁尼琴的戏剧《鹿和窝棚》,而《新世界》杂志马上就要刊登索尔仁尼琴的短篇小说时,索尔仁尼琴有点儿担心:在第一次戏剧演出之后,如果观众突然鼓倒掌,该怎么办?特瓦尔多夫斯基说过,如果他说了算,他是会禁止戏剧演出的。如果戏剧演出被禁止了,会给短篇小说的出版带来负面的影响吗?作家担心发生这样的事情,便拿起铅笔,开始计算:《新世界》杂志的份数——100000册。而"现代人"剧院演出大厅只能装700人……100000 - 700 = 99300。于是,他做出了倾向于杂志社的选择①。在生活中,即使遇到最出乎意料的事情,他都能够想出对策。有一段时间,他在莫斯科罗斯特罗珀维奇的住宅里住了很久。显然,警察会询问,但我们的英雄却说:"警察来了,我有出色的保护装置来对付他们。我发明了这种导弹——不需要运行的导弹。"唉,我们不知道那是一种什么样的导弹!

后来,他搬到了罗斯特罗珀维奇附近的别墅。这里像城里一样,没人打扰他。但是,他突然设想着有朝一日与政府的代表会面:"在这种情况下,我把准备好的公文装在蓝色的信封里,放入了防火的小柜子里。"我们无法猜测信封里装的是什么。

索尔仁尼琴每次参加会议,都会尽心尽力地做准备。在会上,他不仅需要发言,而且需要做会议记录。"我准备好白纸,编好号码,画上格……提前了五至七分钟……为了不跪着写……我占据了唯一的圆桌,上面可以放置……"一切都是经过精心策划的!

到新世界杂志社参加长篇小说《第一圈》的研讨会时,作家

---

① 戏剧确实没有上演,而短篇小说则顺利出版了。

列出了与编辑委员会成员打招呼的先后顺序："刚进去时,我应该这样打招呼……要最后一个与杰缅季耶夫打招呼。"我们不清楚,已故的杰缅季耶夫当时是否发现了这一点。

如果说索尔仁尼琴做事不预先进行策划,这是很难想象的。1938年7月2日,他决心向列舍托夫斯卡娅求婚。萨尼亚的口袋里装着事先写好的信,如果被拒绝,他就亲自把信交给她。哦,如果没有被拒绝呢?那就请亲爱的列舍托夫斯卡娅当场读一读这封信。从另一个角度来看,他已经完全是个成年人了,甚至预见到了赫鲁晓夫的死亡。不只是赫鲁晓夫!他还预见到了自己孩子的死亡——有计划的死亡!他提前在顿河边的寺庙里选好墓地,并请了牧师……

总之,如果仔细地观察陀思妥耶夫斯基和索尔仁尼琴,我们便会发现,我们面对的是精神和道德方面完全对立的两个人。为什么会这样?最初研究索尔仁尼琴的西方研究人员以令人折服的勇敢和奇特的思维方式,发现了他们两个人有许多惊人的相似之处!难道所有这些都是幻影、错觉?为了澄清这一点,我们不再啰唆,还是翻开下一页,重新审视那些相似的地方吧!

与上帝捉迷藏

与上帝捉迷藏

让我们再谈一谈他们的生平。

两位作家的父母都信仰宗教。正是在家庭的影响下,他们有了与宗教的第一次接触,确确实实是这样。那后来怎么样了呢?

尽管陀思妥耶夫斯基一生都在与上帝争论,但是他作品中的主人公竟然拒绝接受更高层次的思想,有的甚至痴迷于宗教,比如梅什金公爵在实际生活中总是把自己弄得像基督本人一样。关于陀思妥耶夫斯基,至少可以说,他是一个渴望信教的人。他的祖父非常富有,在革命前被红色教父处死了。他的父亲是白匪军。他有一个信教的母亲。索尔仁尼琴认为,自己有着噩梦般的童年:"九岁时,我走着去学校,那里总是有讯问和迫害等着我。十岁时,少先队员们哈哈大笑着把十字架从我的脖子上拽下来。而在十一岁和十二岁时,同学们在会上用'为什么不入少先队'来残酷地折磨我。"是否从索尔仁尼琴的脖子上拽下十字架,是否强迫他加入少先队,我们无从考证,但那些讯问和迫害确实发生过。事情是这样的:尽管一群人对他施以可怕的惩罚,但他不是一个被折磨傻了的、不幸的信教男孩,相反,他非常淘气。有一次,他淘气过了头。他是这样回忆的:"我们三个孩子——我、卡甘和莫奇卡——因为经常逃学去踢足球而被开除了。我还偷了班里的一本杂志……"这充分说明他非常淘气。被逐出学校没有什么，就像受欺负、被惩罚一样。显然，在这种情况下，富翁的孙子、白匪军的儿子受到了真正的审问："怎么能偷班级里的杂志？拿到哪里去了？是不是寄到国外去了？"过了几天，对他们的惩罚结束了，可在同一所学校、同一个班级里，他们又犯了同样的错误……

即使索尔仁尼琴从童年时期开始就贴身戴十字架（列舍托夫斯卡娅否认这一点），也不能说明他是有宗教信仰的。他对教堂没有印象——母亲没有极力让他信教。"他刚刚触及宗教，就偏离了它。"列舍托夫斯卡娅这样写道。作家本人坚持认为，童年时期他就信教，但他不否认童年的信仰被摧毁的事实。我们可以通过他那夸张、新颖的诗句来证明这一点：

　　血液迸发，一次次冲刷，
　　前方跳跃着不同的色彩。
　　我心中信仰的大厦，
　　无声地、静静地坍塌……

1950 年，他在给妻子的信中写道："信仰上帝，对我来说是件很遥远的事。"但就在 1952 年 2 月，腹部癌症手术成功之后，他兴高采烈地大声朗读了一首诗：

　　……
　　吸取了生命之水，
　　主宰世界的上帝啊，我重新信仰您！

显然，从那个时候开始，他信仰了基督教。三十二岁的他重新信教，重返了教堂。①

虽然索尔仁尼琴用高声朗诵诗歌的方式宣告自己回归了宗教，并且就宗教问题撰写了文章、出版了《俄罗斯基督教运动的通报》（美国），甚至在1983年获得了宗教大奖，但是他对宗教的态度仍然不够明确。

当然，信仰属于个人隐私，用直接的、符合逻辑的理由来证明一个人是否有信仰，往往是不现实的。索尔仁尼琴本人确认："证明可以是间接的……不能验证，只要自己相信……"很好，让我们注意一下有关证据吧。

首先，真正信教的人即使不保持沉默，也不会在任何情况下都在十字路口叫喊，更不会去表演，而索尔仁尼琴很愿意做这一切。他处心积虑地用著名的宗教活动日来确定一切活动的日期。在《牛犊顶橡树》中，这种公式化的表演手法尤其多，比如："15日，星期六，BBC晚间报道称：《泰晤士报》文学增刊刊登了《癌症楼》一书的片段……上帝保佑……"后来，他没完没了地重复一种调子："6月9日，东正教的三位一体……""杜霍夫日，6月中旬，我的信被发表了……""诺贝尔奖获奖日期——4月9日，是东正教复活节的第一天……""8月28日的采访，正赶上圣母安息节那天……""在巴黎出版了俄文版的《古拉格群岛》第一卷，是在1月7日，东正教的圣诞节……"索尔仁尼琴公开了自己的观点。他写道，他曾病入膏肓，上帝拯救了他。我们记得，就在当时，他高声朗诵：

全世界的上帝，我重新信仰您！

---

① 谈到战争，索尔仁尼琴高喊："上帝！在导弹和炸弹的威胁之下，请你保住我的性命！"在战场上，他与上帝的关系十分令人费解：他时而认为自己是个教徒，时而认为自己有权不信上帝。——布申

在散文中，这种思想得以扩充："自那时起，我的整个生命从完整意义上说已经不属于我了，上帝给了它新的含义。"结果出现了出人意料的画面：索尔仁尼琴的生命开始属于上帝，上帝成为其命运"完全"的主宰。也许亚历山大·伊萨耶维奇把视线投到上帝身上并相信上帝之后，才有了追求"目标"的可能性，而在过去，高傲的无神论者是自己命运的主宰。原来上帝操纵的只是那些信教的人。

结论是这样的：在朗诵关于无所不能的上帝的诗时，索尔仁尼琴实际上是在宣传新的宗教观点。

谢尔吉耶夫东正教教堂是东斯拉夫教徒乃至我们全体人民所向往的最古老的圣地之一，因为它的名称与许多英雄联系在一起，在俄罗斯的历史上是不可磨灭的。而在索尔仁尼琴的作品中，谢尔吉耶夫东正教教堂的建立仿佛不是为了神父谢尔吉，而是为了纪念默默无闻的特罗伊茨基和谢尔吉耶夫同志。

更加令人吃惊的是，他的作品中有这样一段引文："您死于自己手中的剑……"注明的出处是：《马太福音书》第25章第52节。我们从珍贵的书架上取下圣经，发现里面只有46节，根本不可能有第52节！

而同样是圣经里的人物，同样是宗教的名称和神学概念，索尔仁尼琴有时却能解释清楚，并且书写正确。比如，他完全能够正确理解并毫无差错地书写圣经中的希律、该隐、犹大等人物的名字。

在很长一段时间里，对索尔仁尼琴比较熟悉的利沃夫·科佩列夫说索尔仁尼琴是个很不错的人。科佩列夫曾与他一同蹲监狱，后来在文学创作方面帮助过他，是长篇小说《第一圈》的人物原型之一。科佩列夫说："在宗教领域，我知道得很少，但我十分怀疑亚历山大·伊萨耶维奇的教会知识比我更少。知道为什么吗？基督教追求的是对他人的爱，表现为宽恕、忍耐。判断和惩罚的权力在上帝手上，而不在说自己是圣人的某个人手上。善

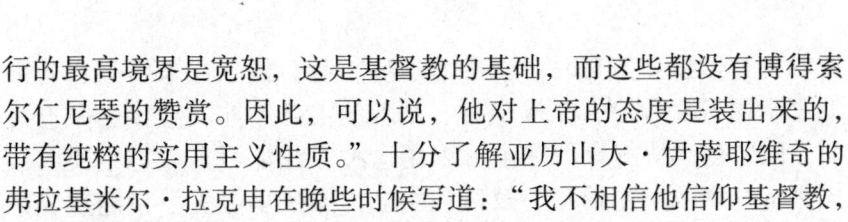

行的最高境界是宽恕,这是基督教的基础,而这些都没有博得索尔仁尼琴的赞赏。因此,可以说,他对上帝的态度是装出来的,带有纯粹的实用主义性质。"十分了解亚历山大·伊萨耶维奇的弗拉基米尔·拉克申在晚些时候写道:"我不相信他信仰基督教,因为如此自我崇拜的人是不可能成为基督徒的。"

爱情的悲剧

在讨论我们主人公的信教问题时,自然要继续研究他所掌握的哲学知识,因为不论是宗教还是哲学,都只不过是世界观的形式而已。在索尔仁尼琴的星占图上,是这样显示的:"他也许将是位哲学家。"我们应当追溯到索尔仁尼琴年轻的时候,当时他确认自己是个马克思主义者。确实,在谈到"来自欧洲的传教士与辱骂马克思主义的叶甫盖尼·伊万诺维奇·季夫尼奇在布德尔卡监狱的会面"时,他写道:"我捍卫马克思主义,因为我是个马克思主义者。"因此,推崇西方思想的记者米哈伊尔·赫勒说他是"失去信仰的教徒"。醒悟和悔过总是会赢得巨大的信赖,因为大家认为,他们已经了解了被废弃的集中营:用自己的双眼看到了里面的一切!而且,被免去教职的教士很可能会引起所有人的好奇心。

在更加仔细地考察之后,终于弄清了真相。索尔仁尼琴说自己是这样研究马克思主义的:"读马克思的原著很难,但是有教科书……我屈服于这种诱惑,并持这种世界观上了前线。"也就是说,这个马克思主义者竟然没有读过马克思的原著,没有经受住诱惑,其世界观是通过读某些教科书形成的。

进一步说,了解索尔仁尼琴的人们回忆说,在学习阶段,他特别倾向于"填鸭式"的方法。我记得列舍托夫斯卡娅曾经说,她的未婚夫、后来的丈夫喜欢做专门的卡片,上面记载着学习需要的各种信息。他有时自己翻看这些卡片，偶尔让未婚妻、后来的妻子用卡片考他，在散步时、剧院演出开始前、做客还未上桌时、睡觉前，等等。他完全可以用这种方法学习马克思主义，预先用卡片摘录。差劲儿的教科书加上"卡片学习法"只能造成最令人难过的后果。

由此可见，他的知识框架主要由引文构成。在提到"死读书的马克思主义者①"与季夫尼奇发生冲突时，这些引文成了他的主要工具："一年前，我那么自信地用引文攻击他，就像在侮辱和讥讽他！"但现在他证实，那几乎是在开玩笑。这没有什么可奇怪的！不难想象，死读书的人会遭到痛击。他可能在某时从教科书上摘录下文字，并做成了自己的卡片，内容为"存在决定意识"。他在睡梦中将卡片的内容背了下来，并牢记了一生。现在，他拿卡片上的内容去攻击"东正教传教士"②。传教士向他提出了这样一个问题："我的孩子，请允许我举个例子……怎样看列宁？他父亲——四级文官；有着显赫的家庭背景；从童年时期到青年时期，家境一直很好，甚至拥有布谷鸟庄园。尽管可以享受这样的生活，但他仍然有革命的意识，对吧？"靠死记硬背能解释这个问题吗？不能！他的卡片上没有答案。教士一下子把这个聪明人逼到了角落里。他站起来，把脸擦干净，为自己闪电般的毁灭感到惊讶。怎么会这样？在此之前，卡片一直是好好的，怎么突然变得像琴师和鹦鹉……但事实终究是事实。索尔仁尼琴被轻易得到的东西所迷惑，猛烈地抨击马克思主义。

没有人谴责这个书呆子，没有人教训他。如果一定要把法律强加在某个人身上，那么不一定符合客观规律。要知道，马克思主义者不主张对号入座！不知是因为匆忙，还是因为教科书确实

---

① 指索尔仁尼琴。——译者注

② 实际上，季夫尼奇与神学一点儿关系都没有，他是作为反苏组织（劳动人民联盟）赫赫有名的领导人出的名。

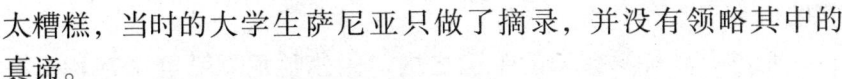

太糟糕,当时的大学生萨尼亚只做了摘录,并没有领略其中的真谛。

没有被惩罚、反而受到鼓励的书呆子重新投入了反对马克思主义的战斗。更准确地说,是投入了反对自己卡片的战斗。

他拿出一张卡片,上面有马克思的话:"他们有读书、写作、思考和争辩的权利。"每个人都觉得这个观点很奇怪,但卡片上准确注明了出处:《哥达纲领批判》。第51页有《解决囚犯的劳动问题》。

我们在他的《古拉格群岛》中看到了十分有趣的推理,但是很难判断其真实性。他讲的好像是劳改营的囚犯谋反的事(1954年5月)。即使一切都是真的,也很难判断。讲述者有可能什么都没有看到,因为那时他已经被释放了。那些故事不是凭空杜撰的,就是道听途说的。据他说,组织串联的领导在赶走芬兰人时宣称:"谁不去辩护,谁就会挨刀子!"他说他们用死亡来威胁和恐吓那些人,强迫那些人去做极其危险的事情。

1918年8月,确实发生了反革命武装起义,但是没有人用死亡来威胁未参加起义的人。

此外,索尔仁尼琴改变了自己的习惯,引文不用引号,也不注明出处和时间。这是偶然的吗?显然不是!也许在最可怕的战争年代,为了保卫我们亲爱的祖国,我们首先应该考虑的是如何去消灭敌人。必须让我们的人民懂得,我们的祖国面临着怎样的威胁。在战争的形势被彻底改变的时候,战前与和平时期的那种忘乎所以的情绪对我们危害极大。

尽管如此,我们还是认为,在某种程度上,他明白自己说的是什么。在这一点上,恩格斯的话正好为我们增添了自信。恩格斯在1876年写的《猴变成人的过程中,劳动所起的作用》中,是这样说的:"鸟是唯一能够学会说话的动物,声音最难听的鸟也能学会。鹦鹉说得最好听,大家不要怀疑鹦鹉不懂自己说的是什么。它不停地重复所有的词汇,从单纯地喜欢说到与人交流。

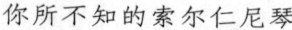
你所不知的索尔仁尼琴

它明白自己在说什么……"

是的,在能够想象的范围之内,索尔仁尼琴学会了理解自己所说的东西。关于马克思,他这样写道:"他从来没有拿过锄头,到死都没有推过独轮手推车。他没有采过煤,没有砍伐过森林,甚至不会砍柴……"索尔仁尼琴自己经常抢锄头、推独轮车吗?他采了多少煤,砍了多少森林?我们曾经研究过这个问题。马克思生前的确像亚里士多德一样,没有拿过锄头;像哥白尼一样,没有推过独轮车;像牛顿一样,没有采过煤;像门捷列夫一样,没有砍伐过森林;甚至像爱因斯坦一样,没有砍过柴。不过,他用自己的整个人生,用为世界作出贡献的所有作品证明,他具备其他的能力和天赋。

关于马克思,还有一条新闻。记者凯特·科涅利在英国的《卫报》上写道:"2008年秋天,全球爆发金融危机之时,德国人对马克思的著作兴趣大增。在书店里,《资本论》第一卷被一抢而空。""马克思又时髦了。"出版马克思和恩格斯著作的柏林出版社社长说,"我们看到了需求的明显增长。最近,需求还会进一步增长。"通常情况下,买书的人是"科学院年轻的一代",他们明白新自由主义的许诺其实是谎言。就连德国财政部部长比尔都在《明镜》周刊上称:"马克思的一部分理论的确不差。"而《汉堡晚报》上则写道:"马克思在赢得好感的竞赛中获胜。是的,他有某些东西是为那些聪明人所写,而不是为了那些欣赏克里姆林宫中滑稽戏的人。"

不过是杀手

不过是杀手

我们不妨回到对两位智者的比较上来。我们发现陀思妥耶夫斯基和索尔仁尼琴对国内文学的看法有许多不一致的地方。前者说，他开始了"与所有文学开战"的进程，号召大家投入战斗。多年以来，评论家们极为认真地揭示了这个"进程"的特点是什么以及这种"战斗"的性质是什么。索尔仁尼琴不仅用拳头挑战整个苏联文学，还花费精力研究了世界文学。

在《古拉格群岛》中，他附带着对初始阶段的苏联文学进行了攻击。他说："散文应该像钉在棺材盖子上的钉子，而我们的散文却是泡沫，洗衣粉的泡沫！"

刚开始，索尔仁尼琴的写作只局限于一种题材——散文，但他很快便纠正了偏颇。他研究了整个文学的历史，得出如此宏伟的结论："三十年代、四十年代和五十年代，我们没有文学。"

为了证明我们的文学在1962年以前不存在，他深入研究了美学范畴的术语、思想艺术的概念，从而证明它们是虚假的。他归纳出概念化的常用词语，如"油腻的"、"秃顶的"、"愚蠢的"、"无能的"、"丑八怪"，等等。

总的来说，这个作家在语言上不能自制，容易说错话。他使用评论性的语言来评价我们生活中的所有事物。在《牛犊顶橡树》中，说到与文学没有任何关系的人时，他经常使用我们大家所熟悉的术语和定义："无赖"、"废物和寄生虫"、"蛮横无理的人"、"固执的人"，等等。在《古拉格群岛》中也是这样，他用"驴"和"蛇"来表示特别凶狠毒辣的人。

对于完全不认识的人，他甚至会非常简单地说："这样的人，不过是杀手！"① 而且，提到列福尔托沃看守所的医生时，他是这样写的："黄鼠狼……坏蛋取出血压计说：'可以给您测血压吗？'"他是这样评论给他送药的护士的："啊，畜生！……"②

世界文学的剖析者

我们的主人公对苏联文学非常不满意。就像我们所指出的，他和陀思妥耶夫斯基在某种程度上是有区别的。陀思妥耶夫斯基的文学修养和爱好只停留在私人信件和日记中，而索尔仁尼琴则不是这样。他是一个善于行动的人，只要对哪个作家或作品不满意，就会立刻采取行动去制裁。他不喜欢《爱伦堡回忆录》的第一章和帕乌托夫斯基的《关于生活的中篇小说》，于是在1960年11月小说出版之前，往《文学报》编辑部寄去了长长的信函，对小说的风格和思想进行了非常严厉的指责："作家生平传记这种流行病还不该停止传播吗？……"

这篇线索清晰、立场明确的文章没有能够在《文学报》上刊登。被否定了的作家心情难以平静。在他看来，他就是照亮苏联文学的阳光！于是，他把文章的复印件寄给了帕乌托夫斯基本人："我就像夏天的夜莺一样在等待答复。"显然，他是希望帕乌托夫斯基这样来回答他："亲爱的亚历山大·伊萨耶维奇，我是该停下来了！早就该停下来了！……你使我睁开了双眼！"但是，

---

① 见《牛犊顶橡树》。
② 见《牛犊顶橡树》。

不过是杀手

帕乌托夫斯基并没有答复。

在此期间,《爱伦堡回忆录》和帕乌托夫斯基的《关于生活的中篇小说》相继出版了。亚历山大·伊萨耶维奇自然会感到困惑不解:他的话竟然没有人听!企图把不无争议的新门罗主义原则纳入文学领域的失败,激发了索尔仁尼琴的批评热情。他开始揭露"因循守旧"的人民艺术的不足。于是,民间神化传说、童话中所有"高尚的强盗"得到了因循守旧者的关注。那些忠厚老实的人,那些"具有敏感的心的杀富济贫的人",全部变成了"无耻的丑八怪"和"两条腿的败类"。英国民谣中的英雄人物罗宾汉被宣布为头号"无耻的丑八怪"。席勒的《强盗》的主人公被说成了"两条腿的败类"。

还记得那个泽姆菲拉奇卡吗?她在沙丘后面遇到了"被通缉的人"(大概是刑事犯)。她把他带到了哥萨克军营,在得知真相之后对大爷说:"我将是他的女朋友。"一个好人!而大爷本人呢?当他的女儿不再爱那个刑事犯,并与其他人相好(并且生了孩子)时,他说:"谁能守住爱情?它给所有人带来快乐……过去的,将不会重来。"

是的,这是典型的罪犯对性爱自由的诠释!最后还是拉赫玛尼诺夫触及了这个问题,并根据这个题材创作了歌剧。

经过仔细研究,索尔仁尼琴发现,只有坚德里亚科夫善于不带偏见地看世界,向我们表示对囫囵吞枣、因循守旧的不满。

当然,在每个时代和每个民族的文学形象中,都有这种承认自己是坏人的反面人物形象。但是,世界文学中的反面人物形象远比亚历山大·伊萨耶维奇想象的更为多样。让我们回忆一下普希金的萨列里吧!他是坏人吗?当然是。他夺走了一个天才音乐家的生命,但他根本不认为自己是坏人。他并没有从受害者的痛苦中得到极大的快乐,所以他认为自己的犯罪是符合逻辑的合法行为。萨列里在我们面前苦口婆心地陈词:

人说世上根本没有公正，
其实天上依然没有公正。

在他看来，他的心被极端扭曲的真理和公正撕碎了。首先，他把自己的命运与莫扎特的命运相比较，得出了结论。他萨列里"怀着对艺术的爱"出生，把全部心血乃至整个生命都献给了音乐，最终取得了成就。而莫扎特这么轻易地就得到了这一切，他嫉妒，并认为自己的嫉妒是合情合理的，是公正的：

哦，上帝！我的一腔挚爱！
艰辛的劳动，热忱的祈祷，
没有换来永恒的天才美誉，
而天才的光环却落在了
一个悠闲的放荡之徒的脑袋……

其次，对事实的扭曲给艺术带来了很大的危险。萨列里在把莫扎特与整个音乐相比较时发现：

如果莫扎特还活着，有什么意义？
他还能攀登新的高峰吗？
他还能沉迷于艺术吗？
不，他会再次下跌，如同消失一般。

萨列里希望纠正这两种可怕的不公正，并且形成了自己的构想：

不，我无法接受我的命运。
我选择停下来，并不是要死掉。
并非我一人，
我们所有人都是牧师，都是音乐的仆人……

不过是杀手

停下来！就像索尔仁尼琴要求停止发表帕乌托夫斯基的作品一样。当然，给《文学报》寄信时，他认为自己拯救了别人。他特别关注亚戈①这个人物形象，因为亚戈很明确地称自己的目的和动机是黑色的，充满了仇恨。

只有了解莎士比亚悲剧胜过了解《古拉格群岛》的人才能够谈亚戈。与萨列里一样，亚戈在责备自己的行为时的理由甚至与萨列里的理由相似：别人等到了不该属于他们的好处，对自己是不公平的。对萨列里来说，莫扎特没有理由得到这个创作的"神圣礼物"，而对亚戈来说，卡西奥不该得到中尉这个头衔。

创作天才和中尉的称号好像是完全不可比的东西。不过，天才是上天赐予的礼物，而中尉的称号是地上的人——奥赛罗将军——给予的。上天的不公正只会使萨列里产生嫉妒，于是他决定扼杀莫扎特。奥赛罗对亚戈的不公正引起了他强烈的仇恨。亚戈的眼中充满了对奥赛罗的仇恨，以及对不公正行为的愤懑。他说："有人侮辱了我妻子……既然有嫌疑，那就可以认为是这样……"

正如索尔仁尼琴所说："没有老鼠，但好像觉得有老鼠的味道……"

亚戈是因为别人侮辱了自己的妻子而复仇，而亚历山大·伊萨耶维奇把矛头指向帕乌托夫斯基和爱伦堡时，也曾有这种意识。

有自由的人不需要更多的自由吗？

1852年10月31日，索尔仁尼琴对托尔斯泰上尉说过这样的话："有自由的人不需要更多的自由吗？"当时他所在的旧格

---

① 奥赛罗的侍从。——译者注

拉德科夫斯基骑兵侦察队在那里宿营,年轻的作家从某个人那里弄到了一本现代人出版社出版的中篇小说《童年》。好像中篇小说出版前,经过了所谓的书刊检查,结果查出了问题。最后,不仅把有些段落、情节给删节了,而且把关于爱情的主线给去掉了。托尔斯泰在一个多星期之后才从涅克拉索夫那里得知这是谁干的。

托尔斯泰的第二部作品——短篇小说《冲击》——也出了这样的问题。涅克拉索夫给他写信说:"您显然对短篇小说的出版情况很不满意……请不要因为我们所共同面临的这些问题而丧失信心。"编辑当然是想安慰这位年轻的作家,但托尔斯泰把这件事情看得很重。1855年6月,他在一封信中写道:"《冲击》就这样因书刊检查而面目全非了,所有好的东西都被拿掉或者被扭曲了。"此后,伟大的作家继续享受这种"自由的果实",在《现代人》期刊上刊登了第三部作品《少年时代》。11月2日,涅克拉索夫在给他的信中写道:"仁慈的国王列夫·尼古拉耶维奇!看来,您的命运就是这样,《少年时代》出版之后也明显地被删改了。"

由于书刊检查,他们把《玛莎》和《女仆居住的房间》两章全部删掉了,其他的章节都做了不同程度的删改。因此,托尔斯泰只好去和彼得格勒书刊检查委员会委员约翰·索科洛夫神父交涉。1856年12月18日,他在日记中写道:"我去了约翰神父那里……"在去找约翰神父的路上,他遇到了索尔仁尼琴。索尔仁尼琴说:"有自由的人不需要更多的自由!"年轻的伯爵感到十分欣慰。

针对可笑的书刊检查,伟大的作家只能在信中和日记里安慰自己的灵魂。相比之下,亚历山大·伊萨耶维奇拥有更多的自由。他认为西方国家翻译的《伊万·杰尼索维奇的一天》不太好,令他十分气愤!但是他的气愤既不是在日记里表现出来,也不是在私人信件中发泄,而是充分体现在那本《牛犊顶橡树》

中。他直截了当地对《伊万·杰尼索维奇的一天》的翻译布尔格和法伊费尔说:"骗子!"他瞪着眼睛冲着出版商弗利亚伊斯涅尔喊:"玷污我的《伊万·杰尼索维奇的一天》的豺狼!"以母语出版的书使作家完全满意,多次再版,发行量超过了三百万册。亚历山大·孔德拉托维奇试图在一个地方改变词序,被索尔仁尼琴坚决地制止了。托尔斯泰的第一本中篇小说《现代人》发行量不到五千册。

涅克拉索夫对托尔斯泰的《命运》进行书刊检查时说的话带有预见性:书刊检查伴随了他的一生。1856年,《塞瓦斯托波尔短篇小说集》也遇到了类似的麻烦。二十八岁的作家在日记中做了这样的记录:"穿蓝大褂的人(即宪兵)很不喜欢我。"确实,他们对他和他的作品实行了监督。

1861年宣布取消农奴制时,托尔斯泰在其热爱的克拉比温斯基县进行改革时,极力捍卫农民的利益,阻止了一些地主在分配土地时欺骗他们。作家的这些行为使得许多人去向图拉州州长和内务部部长告密。

托尔斯泰在亚斯纳亚为农民子弟开办了学校。1862年,他创办了一本与教育有关的杂志。所有这一切,当局都认为是非常可疑的。当年夏天,宪兵突然出现在亚斯纳亚,对俱乐部(指"思想开放俱乐部")进行了仔细的搜查。当时,俱乐部的主人外出了。他们找到了秘密印刷厂和煽动性的文章。这些人肆无忌惮的侵犯使托尔斯泰非常气愤,他只能关闭学校,停办杂志,甚至想离开俄罗斯。

当时,对托尔斯泰的监视和迫害还在继续。十九世纪八十年代,作家的大部分世界闻名的作品被禁止出版,或者出版后被毫不客气地扔掉。1899年3月,出版了长篇小说《复活》。当局希望停止出版,但这部长篇小说还是在杂志上刊登了。情况如何呢?一百二十九章中只有二十五章未被删改。作家的女儿玛丽亚·利沃夫娜受父亲之托,在给杂志社的信中写道:"此书已被

书刊检查搞得不完整了，完全失去了意义和价值。"

这部长篇小说被翻译成多国语言进行出版，这就是列夫·托尔斯泰作为一名作家的自由状态。

执政当局惩罚托尔斯泰不会只流于形式，他们想出了很多具体办法。一些人认为，最好把这个叛乱分子流放到西伯利亚去。另外一些人担心好心的崇拜者帮助他从西伯利亚逃跑，希望把他关到彼得罗巴甫洛夫斯克城堡，那里的墙更高、更牢固，便于看管。还有一些人认为西伯利亚太远，难以控制，而彼得罗巴甫洛夫斯克城堡又太近（把一个叛乱分子关在首都是很危险的），所以最稳妥的办法就是把他软禁在苏兹达里的一个寺院里。但是，有人果断地宣称，所有的计划都太片面、太愚蠢了：不能不考虑托尔斯泰的世界知名度和巨大的声望。他们提出了更可靠、更细致的方案：宣布叛乱分子是疯子，把他藏到屋子里——作家老了，由于工作而疲劳过度，所以疯了。这一切都可以归结为：一个伟大心灵的悲剧，一个天才的过早陨落。

有人说，这还不是最好、最可靠的解决方案。老人家喜欢狩猎和远途旅行，有时骑马，有时徒步，经常是单独一个人。这样就更简单了：研究他的路线，然后在路边的草丛中藏一个可靠的持枪者，制造出一起发生在狩猎途中的不幸事件。

制订这些计划的人都十分自信并且精力充沛，但这些计划都是不切实际的，所以最终一个都没有得以实施。不过，普希金诞辰纪念日那天，我们还是听到了"托尔斯泰是疯子"的传言。托尔斯泰于1897年12月1日在日记中记录的大概就是这件事："我收到了恐吓信，既可怕，又可笑！"过了不到一个月，1897年12月29日，他又在日记中提到了恐吓信。

人们会说，企图杀人这么重要的事，怎么会提前通告呢？他们没有实施五个计划中的任一个计划。蒙昧主义者勇敢地提出了第六个计划：把托尔斯泰逐出教堂。这个堪称光荣的行为

的主谋是总检察长圣西诺德科·波别多诺斯采夫。有理由认为，亚历山大·伊萨耶维奇与拉夫连季·巴浦洛维奇的想法有相同之处。

1898年，托尔斯泰积极地去帮助图拉、梁赞、奥尔洛夫斯基州的灾民。他不满足于与贫困做斗争的号召，与自己的助手一起为灾民筹建了二百多个食堂。顺便提一下，托尔斯泰的那个赈济灾民的"总部"位于梁赞的别吉切夫克村。而索尔仁尼琴在1967年写的《古拉格群岛》的最后几页确认，在劳改营和监狱，不仅在某个时候，而且在"今天"，也就是二十世纪六十年代末，我们的同胞在忍饥挨饿地干活！他们梦见了面包……仿佛是应该得到帮助的灾民。我们仿佛看到了作者充满激情地开车去了社会秩序保障部，而接待他的正是部长本人。"我跟他谈了四十分钟，乃至一个小时……"索尔仁尼琴这样写道。谈话的双方在某个问题上观点相似，而他们对其他一些问题的看法则有分歧。索尔仁尼琴相信，囚犯在挨饿，而部长却说，不是这样。问题很严重，如何解决它呢？显然，最可靠的办法就是：眼见为实。部长正是提出了这个办法。

让我们放下托尔斯泰和普希金，放下伟大的世界文化，回到现实中来吧！

1979年2月13日，被苏联驱逐的第五个年头，在由BBC转播的记者采访中，亚历山大·伊萨耶维奇说，他可以叫出五六位作家的名字，是从所有作家中挑选出来的。他们是谁呢？唉，他不想说出他们的名字！他说："我没有权利说出他们的名字。"怎么会这样？原因是什么？他很严肃地回答："为了不伤害他们。有人会因为索尔仁尼琴的表扬而去责备那些作家……"总之，他只能在海外保持沉默。

难道这个中学教师忘记了，四年前，他在自己的《牛犊顶橡树》中，对七八位作家给予了赞许。他在书的结尾部分宣称："他们是现代俄罗斯散文的核心作家。"他在前面又加上了新的名字，最后列举出了十四位散文作家（严格按字母顺序，不然马上就会有人生气）。也许当时他还不知道，他的赞扬具有毁灭性的杀伤力。四年之后，这十四位不幸的作家遭遇的不幸，使他完全醒悟了。

其实，谜底非常简单。他十分清楚，他只要不是在1975年和1979年进行赞扬，就对任何人都不会造成伤害。说实话，弗拉基莫夫①、马克西姆和弗·沃伊诺维奇很久没有在作家协会出现了，已经淡出了人们的视线。作家们顺利出版了自己的新书，并且成为作家协会党组织的领导，获得了各种文学奖项。总之，来自国外的赞扬对他们没有造成任何影响。所有这些，索尔仁尼琴当然清楚——对文学感兴趣的人都应该清楚这些。

阿布拉姆·捷尔茨坐不住了

奇怪的赞赏只能带来奇怪的后果。他非常奇怪地赞扬那些叫不出名字来的作家，只因为他们都是农民出身。真是难以相信自己的耳朵，但事实终究是事实。海外的理论家恢复了陈旧的文学观点：最好由工人来写工人，由农民来写农民，而会计则由会计来写。这种陈腐观点的继承者蔑视对他们来说无法理解的事实。托尔斯泰不是农民，但在我们的文学创作中，他是一个"真正的农夫"。他们试图恢复这种落后的观点，结果苏联评论家安德烈·西尼亚夫斯基忍不住了。他这个曾在出版界强烈要求珍视、爱护苏联文学的人，却在西方以阿布拉姆·捷尔茨的名义诅咒整个苏联。他用"文学聋子"都听不下去的语言

---

① 列舍托夫斯卡娅在书中阐述了这种思想，她写道："索尔仁尼琴根本没有兴趣把作家送给他的弗拉基莫夫的长篇小说《默哀三分钟》读完。"

不过是杀手

表示对文学的关心。

过了很长一段时间,西尼亚夫斯基成功地逃离了苏联,去了法国。现在,他在巴黎过着平静的生活。就是这个人没忍住,冒出来反对我们的中学教师。1979年4月6日,BBC为他提供了这个机会。为了恢复上述理论,安德烈·西尼亚夫斯基说:"索尔仁尼琴战胜了马克思主义思想,但保留了苏联式的思维。"显然,前半句话会让亚历山大·伊萨耶维奇感到高兴,而第二句话则强烈地伤害了他:他是反苏主义者,怎么可能保留苏联式的思维?

眼泪和哭泣

索尔仁尼琴还对两三个作家进行了称赞。准确地说,是对作家们的死表示惋惜。安娜·马赫托诺娃死了。知道这个消息之后,亚历山大·伊萨耶维奇非常激动,因为他还没有读过她的作品。托尔斯泰在给尼古拉·斯特拉霍夫的信中写道:"我从没见过这个人,与他没有直接的关系。当他去世时,我才突然明白,他是我最亲密、最需要的人……到了吃午饭的时间,我只能独自一人去看书,因为他去世了。我的精神支柱离开了我,我惊慌失措。我深深地体会到,他对我来说是多么珍贵……我哭了。"

托尔斯泰并没有见过陀思妥耶夫斯基,但是他死后,托尔斯泰长时间地哭泣……

还有一些事情会使托尔斯泰忍不住流泪。1855年9月4日,在陀思妥耶夫斯基去世之前,年轻的炮兵上尉塞瓦斯托波尔给自己的亲戚叶尔戈里斯卡娅写信说:"看到城市被火焰包围,法国的旗帜在我们的堡垒上空飘扬时,我哭了。"索尔仁尼琴是否也在失去某种东西时哭过?是的,他和列舍托夫斯卡娅在梁赞的罗

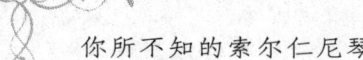

日杰斯特沃村有一栋别墅。亚历山大·伊萨耶维奇为拥有这栋别墅而欣喜若狂："我有生以来第一次拥有了自己的地盘,小溪……"索尔仁尼琴在这栋别墅里住了很久。他写文章,观赏大自然的美景……而当他和列舍托夫斯卡娅分手时,他不得不从这里搬走。在回忆起这段时光时,他写道:"别了,罗日杰斯特沃村!"

索尔仁尼琴被捕之谜

索尔仁尼琴被捕之谜

不少作家都遭遇了被捕、蹲监狱、流放的磨难,他们把这些经历写成了回忆录。这些回忆录充满了感情色彩,并且内容各不相同。陀思妥耶夫斯基在谈到自己的被捕时,用的是讥讽的语气:

4月23日(1849年)凌晨四点钟,我回到了家。躺下之后,我马上就睡着了。过了不到一个小时,我迷迷糊糊地发现有一些可疑的人走进了我的房间。他们不小心把马刀碰到了什么东西上,发出了响声。我用力睁开了眼睛。一个柔和且动听的声音传来:"起床!"

我一看,是那个鬓角很漂亮的私人侦探。不过,说话的不是他,而是一位佩戴着中校的肩章、穿着蓝色制服的人。

"出了什么事?"我边起床边问。

"奉命……"

我一看,他们的确是在"奉命"。门口站着一个士兵,也穿着蓝制服。他手持马刀……

"这是怎么回事?"我在想。

"请允许我……"我开始说话了。

"没关系,没关系!你穿衣服吧,我们等着。"中校以更加可爱的声调补充说。

等我穿好衣服之后,他们开始仔细地翻找。他们把屋子翻了个遍，也没找到什么。他们认真地把我的公文和信件用绳子捆好了。警长好像对搜查很有把握，他扒开炉子，用我的长烟斗在灰烬里掏来掏去。宪兵士官按照他的要求爬到炉子上，又重重地摔了下来。有把握的先生这时才确信炉子里什么也没有。桌子上放着一枚旧的、有些弯曲的十五戈比的硬币。警长仔细地把这枚硬币看来看去，终于向中校点了点头。

"难道这是假的吗"？我问。

"嗯……这一点，值得研究……"警长嘟囔着，结束了对此案的调查。

我们走了出去。受惊吓的女房东和她的家人伊万送我们出来。尽管他们也很害怕，但看上去好像在做某种体面的事。门口停着一辆四轮轿式马车。士兵、我、警长和中校坐上马车，直奔桥旁的喷水池。

许多人聚集在那里，我遇见了许多熟人。所有人都是睡眼蒙眬、默默不语……拿着各种祭品的神父不断地来回走动。

"这是给你的，今天是尤里日！"有人在我耳边说。

4月23日的确是尤里日……

我们被安置在不同的角落里，等候最后的处理决定。我们一共十七个人，集中在被称为"英国皇宫"的大厅里……

列昂季·瓦西里耶维奇走了进来……

我确信，列昂季·瓦西里耶维奇是个令人愉快的人……

陀思妥耶夫斯基于1860年5月24日把被捕的经过记录了下来……

二十八年之后，索尔仁尼琴开始讲述有关自己被捕的一些事情。对陀思妥耶夫斯基来说，被捕的后果是在阿列克谢耶夫三角堡扛石袋。他们极其残酷地命令向死刑犯开枪。而索尔仁尼琴所面对的是镣铐、沉重的苦役劳动、臭气熏天的牢房、三块板组成的通铺上的跳蚤，以及菜汤中的蟑螂。

"旅长把我叫到指挥所，问我用子弹干什么。我没有怀疑其中有诈，便交出了子弹。突然，两名反间谍人员从那些'军官随从'中跑了出来，穿过了房间。四只手同时抓住了我的肩章、皮带和军用书包。他们充满了戏剧性地喊道：'您被捕了！'我从头到脚都被限制住了，根本说不出比'我吗？为什么？'更有利的话来。"

这完全是一种梦魇般的场景！逮捕的现场被设定在复杂的战争环境中："不是我们包围了德国人，也不是他们包围了我们。"所有这一切发生在"濒临死亡的喘息中"："玻璃在振动，德国人攫地二百米。"他特别强调了一点：扑面而来的不是死亡的呼吸，而是反间谍分子中这些恶棍的满不在乎，他们只是要逮捕亚历山大·伊萨耶维奇——一个倒霉的人。

我们在娜塔丽娅·列舍托夫斯卡娅的书《与时代争论》中找到了另一个有关逮捕的版本："发生的这一切有些出人意料。1945年2月9日，索洛明上士拿着一块蓝色天鹅绒布走到自己的指挥官跟前……"伊利亚·马特维耶维奇·索洛明是敖德萨人。他拿着旧证件、穿着制服去了拉斯托夫，替索尔仁尼琴把合法的妻子安置在窑洞里。年轻的妻子被送进了窑洞，用她的话说，是在丈夫安排的舒适的窑洞里度过了非常美好的几个星期。在那里，她抄写他的短篇小说，在小壁炉旁读《马特维·科热米亚金的生活》和高尔基的作品……

他拿着一块蓝色的天鹅绒布走向自己的指挥官，接下来发生了什么事？"我对他说，"列舍托夫斯卡娅转述了索洛明的话，"我什么亲人都没有，可以去罗斯托夫把娜塔莎接过来……"就像我们看到的，没有任何包围，没有任何濒临死亡的喘息和话语。指挥官和他的勤务兵安静地做着最平常的工作：商量着怎样使用缴获的天鹅绒布。

索洛明继续说："这时候，两个人一起走进了房间。其中一个人说：'您是索尔仁尼琴吗？我们需要您。'一种无形的力量促使他跟着他们走了出去。他坐在黑色的汽车里，看了看我。我感觉到了这种深沉的目光……他被带走了。从此以后，我再也没有见到过他。"在这种"天鹅绒的逮捕版本"中没有"跳跃"，没有"用四只手抓"，没有大声喊叫，一切都在静悄悄地、认真地、平平常常地进行着。

索洛明最后说："不知道为什么，我跑向他的汽车，打开了德国人的工具箱，发现了一些书籍……翻开其中的一本书，我看到了希特勒的肖像。"

应该相信哪种版本呢？是作家的还是被捕者妻子的？是"铁的"还是"天鹅绒的"？顺便提醒一下，这些谜团会经常出现。比如，从1947年7月到1950年5月，他在奥斯坦金诺地区的马尔菲诺专门监狱服刑。列舍托夫斯卡娅说："5月19日，完全出乎意料，我丈夫突然离开了马尔菲诺。没有想到会这么快！他非常想在监狱里住到第二年的夏天。"这是第一种版本。

"在一封不是写给我的信中，"我们接着读列舍托夫斯卡娅的书，"他解释说，他离开那里只是为了停止劳动。"这是第二种版本。只有一个地方让人看不明白：当时他为什么想让妻子相信他的离开是件好事？

"我还知道一个列昂尼德·弗拉索夫的版本。"索尔仁尼琴的妻子回忆道，"他是两个领导争吵的牺牲品。权力大一点儿的发配他去受罪……"这是一个非常漂亮的版本，但它与第二种版本相互矛盾：谁会为了一个游手好闲的人去争吵呢？

所以，关于索尔仁尼琴被捕的情况，我们已经有了完全不同的三个版本。

应该相信哪种版本呢？最后一种版本完全没有说服力，第二种版本也很肤浅。剩下第三种版本，情节逐渐展开，揭示了问题的症结所在，绝对不是冲动的结果。顺便说一下，版本的差异并不那么重要，重要的是这几种版本有着极为丰富的内涵。事实上，陀思妥耶夫斯基平和的叙事方法与索尔仁尼琴时而疯狂、时而庄严的叙事方法有着明显的不同。在被抓捕的时候，陀思妥耶夫斯基不仅没有胆怯，而且没有感到诧异。而索尔仁尼琴被捕后二十八年都没有忘记那种恐惧。

陀思妥耶夫斯基被捕是因为参加了彼得拉舍夫斯基民主革命小组，并且是因为有人告密。

在很久以前的《文学报》上，有一篇关于索尔仁尼琴的文章称："他的罪名是：参加了反苏活动。"他的崇拜者丽季娅·丘可夫斯卡娅不能容忍对其偶像的这种指责，马上站出来说："报纸有什么权利公开给他加上莫须有的罪行？！"为了证明上面提到的偶像在苏联政权面前完全是无辜的，她为1963年出版的《伊万·杰尼索维奇的一天》写了序言。她在序言中提到："被捕是因为错误的怀疑。"和我们的主人公一起被关在埃克巴斯图兹劳改营的，甚至有《伊万·杰尼索维奇的一天》中布伊诺夫斯基海军中校的原型布尔科夫斯基。他对列扎奇说："索尔仁尼琴对我说，他所在的部队被包围了。他想突围，却成了俘虏。"可以肯定，在《古拉格群岛》中，他坚持用了这种版本，说自己进了劳改营，"为了一点点希望而活了下来"。

"我被捕是因为与我的中学同学通信。"这让我们想起了陀思妥耶夫斯基的《手记》中的巴克卢申。与他交谈的人问他："你为什么服劳役？"他回答说："因为我爱上了一个人！"与他交谈的人差点儿忍不住笑出声来："唉，为了这个，不至于把你弄到这儿来！"于是，他回答说："在这个过程中，我开枪打死了一个德国人。"索尔仁尼琴也有自己的"德国家庭教师"，在给这位"德国家庭教师"的信中有"对斯大林的批评"。在许多口头和书面的声明中，比如，在致1967年5月召开的第四届苏联作家协会代表大会的信中，他多次重复，他被捕就是因为此事。许多人开始强烈地同情他："唉，仅仅因为一封信就失去了自由！"索尔仁尼琴保证："我和我的同案犯尼古拉·维特科维奇在战争期间通信时，没能克制住自己的感情，几乎是公开表达了愤慨并且辱骂了最英明的人。"

在此应当指出的是：一方面，维特科维奇对列扎奇说，他没

你所不知的索尔仁尼琴

有在通信中谈及类似的内容,只是索尔仁尼琴给他写了这样的信,并在1943年7月见面时和他进行了口头交流。维特科维奇说:"我总是认为,谈话只限于我们之间。我与任何人都没有谈起过此事,更没有写过这方面的内容。"

索尔仁尼琴后来承认,类似的信,他寄给了好几个人,其中一个是他学生时代的好友基里尔·西蒙尼扬——苏联军队的外科主治医生。他说:"我在军队的医院工作时,有一次,大概在1943年年末,海象(索尔仁尼琴中学时代的绰号)给我寄来了一封信。这封信是写给我和我当时的妻子丽季娅·叶热列茨的。索尔仁尼琴在信中尖锐地批评了最高统帅。"

索尔仁尼琴相信,他的收信人会与他持同样的观点,但事实并不是这样。西蒙尼扬讲述道:"我在给他的回信中提出了不同的观点,此事到此为止。"海军军官弗拉索夫也是这样给他回的信。其他人,像维特科维奇只是保持沉默,没有回信。三十年过去了,他承认道:"当时,信的内容为给我们两个人判刑提供了有力的证据。"晚些时候,他在法国电视台接受采访时说:"我不认为自己是无辜的牺牲者。被捕的那一刻,我想到了去破坏斯大林的形象,甚至想和我的朋友们共同起草改变苏联体制的书面文件。"

试问,读了这一堆"造反信件"之后,军队的书刊检查人员会去做些什么?之后,反间谍人员读完信和上述"文件",会去做些什么?在这种国家体制下,他们会对这种"文件"的起草者丝毫不感兴趣吗?索尔仁尼琴作为部队的军官,给前线和后方的男女同学写信,批评了军队的最高统帅斯大林。在任何国家的任何军队,军官的这种行为在战时的前线都会被认为是犯了叛国罪。

不过,在讲述自己如何被捕入狱时,索尔仁尼琴尽量安慰我们说,入狱完全带有偶然性。他天真而且坦率地说:"后来我在监狱里谈自己的案子时,我的天真只会引起笑声和惊奇。他们对我说,再也找不到像我这样的'牛犊'了。我对此深信不疑。"至此,我们已接近索尔仁尼琴被捕的谜底了。

机智的作者找到了一个与他同时期的人物:"研究了关于亚

历山大·乌里扬诺夫的案子之后，我了解到，他入狱也是因为通信时不够谨慎。"的确，恐怖小组成员帕霍米·安德烈·尤什金从彼得堡给哈利科夫的朋友、大学生伊万·尼基金寄了一封信，而这封信被警察抄走了。上述事件是否能够说明索尼尔仁尼琴的入狱也是具有偶然性的呢？

一切似乎都是那么真实可信，但经过仔细观察，不难看出其中的差异。首先，安德烈·尤什金当时只有二十一岁，而索尔仁尼琴已经二十七岁了，换句话说，前者是个大学生，而后者已经从军校毕业了。其次，1887年，正处于和平时期，检查所有出版物的军队书刊检查机构已经不存在了，安德烈可以把信扔到首都的任何一个邮箱里，这会给追查发信人造成很大的困难。而且，他没有在信封上写明自己的地址，所以他们花了整整五个星期才找到他。对于邮箱，索尔仁尼琴没有那么多的选择：在前线，通常把信交到分队通信员的手中，由通信员把信集中到同一个野战军的中转站。在这种情况下，要想确定写信的人是谁，那是相当容易的。最后，安德烈有足够的理由相信给他回信的人，而索尔仁尼琴则正相反：他没有任何同伙。

顺便提一下，在这个问题上，海军军官弗拉索夫给予了否定的回答。他与索尔仁尼琴是1944年3月在返回前线的途中认识的，后来他们通了几封信。索尔仁尼琴与他交流了思想。在当时的环境下，送索尔仁尼琴去坐牢不是件难事！即使他躲过了书刊检查，他的收信人也有可能把信寄到反间谍部门……

勇敢的力量

有一件事情为索尔仁尼琴被捕的故事增添了神秘色彩。如果我们再次回忆起陀思妥耶夫斯基，那么就会发现，他是一个充满激情、容易冲动的人，他的生活中充满了冲动、轻率、和冒险。而索尔仁尼琴则是个做事很有条理的人，在做所有的事情之前都要

精心准备、认真考虑、计划周全，这种习惯从青年时代就养成了。

在被驱逐之前，索尔仁尼琴被连夜押往列福尔托沃看守所。坐在车里的他都想了些什么呢？他在看守所里没有睡好觉，一直在痛苦地思考着问题。一个突然被捕的人会想些什么呢？想孩子，想妻子，想没有做完的事情，想难以预测的未来……不，我们的囚徒完全没有为此而痛苦。他紧张地琢磨着第二天领导进囚房时，自己应该怎样表现：是起来迎接还是原地不动？"我现在还有什么可以失去的？"确实，他是诺贝尔奖获得者，在西方声名显赫。他要向这些警察示威！确定好第二天的战斗部署后，他睡着了。天很快就亮了，响起了钥匙开门的声音。诺贝尔奖获得者醒来之后，自然地坐在床上。门被打开了，诺贝尔奖获得者勇敢地坐在那里。上校走了进来，诺贝尔奖获得者继续漠然地坐着。上校走近了他，说道："为什么不起来？我是看守所的领导。"于是，索尔仁尼琴慢慢地、不情愿地，完全不像机灵的政府职员和总统委员会成员在叶利钦面前那样，站了起来，挺直了身躯……

"外部环境破坏了我的计划，所以我不能再坚持……"索尔仁尼琴这样对自己说。

关于索尔仁尼琴被捕之谜，我们只能假设一种答案。而十分了解索尔仁尼琴的西蒙尼扬教授似乎可以揭开谜底。根据西蒙尼扬的回忆，索尔仁尼琴的"谋反信"是这样写的："如果这封信不是我们的好友所写的话，我就会把它视为一种挑衅。"据西蒙尼扬说，写信的笔法完全与其好友的笔法相矛盾，不符合他一直以来谨慎、胆小的性格特点，以及他的世界观。

1942年11月初，当"萨尼亚喜欢的节日"临近的时候，在科斯特罗马中学，他在安全的地方给妻子写了封信。信的内容是："夏秋战役结束了。结果如何呢？斯大林即将对这次战役进行总结。但是，俄罗斯坚不可摧！希特勒要用双手推翻整个欧洲，但是他根本推不动！再过两个夏天也推不动……这个冬天会给我们带来什么？如果军队能够像去年那样，向斯大林格勒、罗斯托夫方向进攻，那么结果会大不一样。"

正如您看到的，他不仅没有对最高统帅做出任何批评，反而对战争的进程非常满意，并且坚信我们会胜利。其实，当时形势是非常严峻的：敌人距首都二百公里，占据着高加索，斯大林格勒的战斗十分激烈。一年过去了，这是取得伟大胜利和巨大成就的一年：斯大林格勒保卫战的胜利、库尔斯克-奥尔洛夫战役的胜利、基辅的解放……索尔仁尼琴说："我早已习惯了关于死亡的想法。我不怕死，我的生命在他们的手中。"有一次，他自言自语说："我是胆小鬼吗？"得出的结论是肯定的：不是，绝对不是！他是一个勇敢的人。此外，索尔仁尼琴说："我把炸弹放到了广阔的草原上。"这是他的想象，因为战线从未穿过任何草原。谢苗诺夫写道："在看到被欺凌和被侮辱的人时，陀思妥耶夫斯基不仅能摆脱不满情绪，而且能在如此冲动的情况下拿着红旗走向广场。"而索尔仁尼琴则说，1944年的夏天，在白俄罗斯，他亲眼看见了一个中士鞭打俘虏，而那个俘虏大声向他求救。当看到被欺凌和被侮辱的人时，这个人道主义者是什么感受？他是怎样做的？要知道，他年轻、健壮、全副武装、戴着大尉的肩章，只需大喝一声，就可以解决问题。但是，他没有这么做，因为他面对的不仅是中士，还有苏军特别行动处的人员。

在被审讯期间，索尔仁尼琴也许应该表现得更加勇敢、更加强硬。他写道："我只是往自己身上吐唾沫。"就像陀思妥耶夫斯基讲述的那样："我在法庭上十分诚实，没有把自己的错误强加给别人……我什么都没有承认，所以受到了很重的惩罚。"而索尔仁尼琴受到的惩罚则轻一些，比他的同案犯维特科维奇少两年。索尔仁尼琴在监狱里没有受过任何纪律处分。

要知道，索尔仁尼琴被捕是在战争结束前！1944年，我们的军队把侵略者赶出我们的家园时，他给妻子写信说："我们处于革命战争的边缘。"也就是说，他完全相信，解放了可爱的家乡、摧毁了法西斯之后，我们将继续向前冲，也许会到达直布罗

你所不知的索尔仁尼琴

陀……这样的想法托洛斯基分子是绝对不会有的。

这个古怪的念头并不是在写私人信件的过程中瞬间产生的，因为索尔仁尼琴经常用自己的方法塑造自己的人物，有时甚至到了这种程度：最终不是文学作品中的人物，而是真实可信的作者本人的形象。在《古拉格群岛》中，有一个叫尤拉的，和作家住在同一个牢房。1945年初春，他确信战争根本没有结束，红军和英美联军正在对峙……那才是最革命的战争。《古拉格群岛》中还有一个叫彼佳的。事情发生在1949年……彼佳的想法十分有趣。在祖国被占领期间，他被赶到了德国，与德国人合作。战后，他去了法国，在那里偷汽车和卖汽车。他因此而被捕后，向使馆请求："我希望回到我深爱的祖国。"上面提到的尤拉确信，与英美的战争将以红军的失败而告终。于是，作家提出了一个问题："这是我们的解放吗？"

还有一个理由可以证明其版本的可靠性。如果结果与愿望相反，没有开始真正的战争或者苏联没有战败，而是获胜了，那么与以往一样，亚历山大·伊萨耶维奇便会去描述战争胜利后的大赦。

据列舍托夫斯卡娅回忆，在第一封信的结尾处，她丈夫写道："我相信八年的刑期不会服满——将会有大赦。"实际上，1945年7月7日宣布了大赦，范围很广，但是没有涉及根据第五十八条被判刑的人。然而，他依然充满了对"大赦"的渴望。1945年8月，他给妻子写信说："我把所有的希望都寄托在最近的一次大规模的大赦上了。"他被捕一年之后，于1946年3月写信说："我完全可以肯定，十年以下的大赦会在1945年秋天……"

1946年5月9日，胜利的第一年，他在日记中写道："再过几个星期就有可能被放出去了。"关于大赦的希望破灭了之后，他有了新的举措：递交重新审理案件的申请。被拒绝之后，他请求减刑……奇怪的是，这种方法没有起到任何作用。为什么？这是一个谜……

"头脑一时糊涂和
精神颓废伴随着我……"

"头脑一时糊涂和精神颓废伴随着我……"

索尔仁尼琴可以举出一些令人信服的例子,说明一些人面对审讯和法庭表现得十分勇敢。他是这样讲述的:"1922年……贝尔加耶夫没有卑躬屈膝,没有祈求,而是向他们陈述了宗教和道德原则……当时俄罗斯政府刚刚成立,法律还不够健全,他因此而被释放了。"

著名的学者纳尔奇克斯基在监狱里是一个坚韧不拔的"英雄主义"典范。他"没签任何字"①。1935年,莫斯科一个普通老太太把一个人藏在自己家好几天。那个人走后,政府的工作人员对她进行了多次盘问:"他去找谁了?"她平静地回答:"我知道,但不说。"1941年,著名的生物学家瓦维洛夫经受了多次审问,但始终不承认自己有罪!

还可以举出许多例子。他回忆过科肖尔、克雷连科、波斯特舍夫、鲁祖塔克和其他一些党的著名活动家在监狱里和法庭上值得骄傲的英勇行为。索尔仁尼琴是正确的,他高喊:"发生过多少类似的事情啊!"面对上述例子中所描述的情况,索尔仁尼琴充满自信地承认道:"我当然能表现得更加坚强!"不过,他还

---

① 见《古拉格群岛》第一卷。

说:"最初的几个星期,头脑一时糊涂和精神颓废伴随着我。"陀思妥耶夫斯基在类似的情况下,大脑一点儿都不糊涂,精神也丝毫不颓废。他戴上镣铐,成为西伯利亚的苦役犯之后,给弟弟米哈伊尔写信说:"我没有沮丧,没有灰心……这就是生活……我向你保证,我不会辜负你们的期望……"

但我认为,亚历山大·伊萨耶维奇对其糊涂和颓废有些夸大其词。对于一个头脑不清楚的人,值得去讯问吗?大家都清楚,精神病防治所开具的证明是对人有神奇作用的"赎罪符"。事实证明,我们这位主人公的头脑在那个阶段并没有到如此不可救药的地步。他的精神也许颓废了,但没有到极点,因为在受审时,他合乎逻辑地在审讯他的人面前表现得头脑简单、无能、坦率。他表示:"我对发生的事情表示忏悔,认清了自己的政治错误。"他对自己的行为是这样解释的:"不应该惹审讯我的人生气……这决定了他接受判决时的语气。"

陀思妥耶夫斯基面临的是更大的威胁,但他说:"我们——彼得堡人——站在断头台上,毫不懊悔地听着他们宣读判决书……大多数人认为,抛弃自己的信仰是耻辱……出现在我们面前的是为我们定罪的那些人。"

索尔仁尼琴在法国电视台郑重地说:"我早已习惯于对死亡的思考。我不为自己的生命担忧。我的生命在他们手中。"1849年12月22日,早晨八点钟,谢苗诺夫斯基广场上……"事先给我们宣读死刑判决书不是在开玩笑,"陀思妥耶夫斯基回忆道,"几乎所有被判决的人都相信,即将执行死刑。经过了至少十分钟极其可怕的等待死亡的时间。"一切都预示着即将执行死刑:由士兵组成的行刑队伍、戴着十字架的神父、黑色的断头台……陪审员冷静地说:"退役工程师、上尉费奥多尔·陀思妥耶夫斯基,二十七岁,参与了谋反,散布恶毒的谎言,撰写反对东正教

"头脑一时糊涂和精神颓废伴随着我……"

教会和最高政权的私人信件……"

让所有被判决的人跪着，目的是摧毁他们的意志。他们头顶上悬着剑，身上穿着带尖顶帽的白布尸衣。前三个是彼得拉舍夫斯基、莫别利和格里戈里耶夫，他们被拉下断头台，绑在不远处埋好的桩子上。

完成了所有需要的步骤：向士兵们下达了"准备射击"的命令，接着下达了"瞄准"的命令。士兵们举枪瞄准……

他们共有二十一个人。陀思妥耶夫斯基站在第六排。就在这一天，他给弟弟米哈伊尔写信说："我排在第二个，我的生命剩下不到一分钟的时间。我想起了你，弟弟，你的一切……我还来得及拥抱旁边的普列谢耶夫、杜罗夫，和他们告别……"无论是在审讯中还是在断头台上，陀思妥耶夫斯基的表现都无可指责。在最后关头，他们宣布了以苦役代替枪决的命令。

我们不知道索尔仁尼琴在这种情况下会怎样表现，但如果他只是被捕就已经"头脑糊涂、精神颓废"了，那么我们便有信心对某些事情进行预测了。我们继续看陀思妥耶夫斯基给托特列别恩上将写的信："我从来不把自己的错推到别人身上。如果我承认了，就能使其他人脱离苦难，那么我愿意牺牲自己。"在最可怕的瞬间，他找回了勇气，拥抱了"其他人"，和他们告别。

索尔仁尼琴获得自由之后，丽季娅·叶热列茨告诉列舍托夫斯卡娅，几年前，因有人写信告密，基里尔·西蒙尼扬不得不向侦查员作出解释。列舍托夫斯卡娅回忆道："我问了萨尼亚，问他这是怎么回事。我相信这是误会，可能是伪造的……但萨尼亚并没有否认。他解释说，在审讯期间，他的处境十分艰难。"

这是很久以前的事了。索尔仁尼琴解释说："我的口供没有伤害任何人。"索尔仁尼琴在1979年写的《透过烟尘》中，提到了给西蒙尼扬写的信。信中写道："1956年，我从劳改营回来，从丽达（叶热列茨）那里得知，你对我不满……怎么会这样？溺水时，我掀起的水花溅到了岸上的你……"

在《透过烟尘》的另外一些地方，对审讯西蒙尼扬谈得更具体些："我知道和牢记：最可怕的是出身，因为在十至十五年的苏联政权统治下，出身完全可以害死任何人。我们三个人应该更怕这一点：我有一个富有的爷爷，你有一个富有的父亲，娜塔莎有一个和白匪军一起逃跑的哥萨克军官父亲。如果他们利用这些来进行审讯，对我们会有什么样的威胁呢？"

而在1945年，在苏联政权持续期间，出现了这样一些现象：一些人开始戴镶有格奥尔基耶夫斯基雕像的十字架，还有一些人开始戴沙皇时期的勋章。他们以此为骄傲，借机炫耀自己的贵族身份。

当然，他们三个人小时候就在内行的秘密工作者的帮助下，巧妙地隐瞒了自己的出身。总之，在1945年的审讯中"溺水"时，索尔仁尼琴在不经意中诋毁了西蒙尼扬。这种疏忽对于一个富有预见性的人来说，是不该有的。有一种老套但有效的方法：自愿承认小错误，以掩盖大错误。索尔仁尼琴就是这样做的：他承认1945年的诽谤是为了掩盖更晚一些时候的诽谤性告密。

叶热列茨曾在列舍托夫斯卡娅面前提到过西蒙尼扬对这种告密的不满。这件事也曾是夫妻谈话的内容。索尔仁尼琴对妻子说："总的来说，没有发生任何可怕的事情，基里尔并未入狱。"

索尔仁尼琴竭力想摆脱1952年告密的阴影。有人问他："练习本真的有52页吗？"他拿出了像孔雀翅膀一样漂亮的论据：第

"头脑一时糊涂和精神颓废伴随着我……"

一,审讯员一边说着,一边拿出不多不少正好52张纸。第二,只给了他们一小片纸,而全部52页都保留了下来。第三,因为他的字写得很独特,所以他们可以伪造。第四,他说:"基里尔!难道你的心,你那高尚的心灵没有提示你……这种告密简直是不可能的!"

索尔仁尼琴写道:"1952年4月,在埃克巴斯图兹劳改营,审查员给我看了一张克格勃莫斯科地区分局的公文,里面是关于对基里尔·西蒙尼扬进行审讯的事。他受委托来审问我……"①

索尔仁尼琴继续说:"1945年的所有口供都是不得已的谎言……"如我们所见,他承认在审讯中诽谤过西蒙尼扬,并试图安慰我们。我们的主人公承认1945年的诽谤,却强烈否认1952年的告密,这不难理解。当时他年轻,没有经验,以"一时糊涂、精神颓废"为借口。但这个案子不局限于西蒙尼扬,尼古拉·维特科维奇两次读到了自己挚友的告密信。"在审讯期间(他的案子开始时,索尔仁尼琴的案子已经结束)……"维特科维奇讲道,"从1940年开始,他系统地进行了反苏宣传,企图建立地下组织……我不相信自己的双眼。这太残酷了,但事实如此。"

列昂尼德·弗拉索夫从维特科维奇的话语中得知:"索尔仁尼琴告诉审讯员,他劝说在火车上偶然遇到的同路人——一个叫弗拉索夫的海员加入自己的组织。海员答应了,还说出了有反苏情绪的好友的名字。"

索尔仁尼琴在《古拉格群岛》中写道:"感谢上帝……没有入狱。"西蒙尼扬于1967年给他写信说,他片面地评价生活,

---

① 见《透过烟尘》,第48页。

成了西方反苏的旗帜。索尔仁尼琴同他进行了"热烈的政治会谈",西蒙尼扬、叶热列茨和列舍托夫斯卡娅给他写了"危险的信"。

"你们生活在可怕的秘密之中:你的父亲,富有的商人,为了躲避国家政治保安局的人,只能抛弃你,步行穿越边界……你把这个隐瞒了四十年。"为什么写西蒙尼扬时要触及他的私生活?这样的事情一旦公开,就相当于告密。

天堂歌手

天堂歌手

"皇帝万岁!"

1815年3月,维也纳会议宣告拿破仑是人类的共同敌人时,他和一小撮追随者乘着破船从厄尔巴岛逃跑,停靠在法国境内。巴黎的报纸宣称:"科西嘉的怪物从链子上掉了下来,落入了……"之后,又有一系列的报道称:"魔王走向格拉斯……篡权者进入了格勒诺布尔……波拿巴占领了里昂……拿破仑靠近枫丹白露……"我们在索尔仁尼琴身上也能发现类似的情况。他被驱逐出境时,许多报纸都这样评论他:"……反对共产主义……在与马克思、列宁主义的世界观和社会主义制度斗争时,试图使民族主义死而复生……围绕索尔仁尼琴的作品,特别是他的长篇小说《8月14日》进行了激烈的争论……对此,苏联文学家表现得其极冷淡。"

谁是这种革命的、社会主义的思想的捍卫者?谁是列宁的崇拜者?谁是反对别尔加耶夫和索尔仁尼琴的斗士?也许您认为,这是扎雷金、阿纳尼耶夫或者沃尔科克戈诺夫。是的,他们有过类似的行为,但这一次你们面对的是亚历山大·雅科夫列夫——科学院院士。

1994年5月27日,索尔仁尼琴离开了佛蒙特州。他和一小撮追随者在符拉迪沃斯托克下了船,开始了前往莫斯科的旅程。

让我们来回顾一下拿破仑的随从讲述的情况:"后面是格拉斯、格勒诺布尔……所有的桥梁上、岸边、街道上都挤满了人。人们挤到随从的马前,以便看到拿破仑,听听他的声音,摸摸他的衣服。人们连续几个小时疯狂地叫喊着:'皇帝万岁!'"啊,太遗憾了,现在索尔仁尼琴回来时,我们没能看到这种场面!与波拿巴不同,他并不感到惊讶,而是在期待。

雅科夫列夫做了什么?他站了起来,向全国宣布:"头号反苏战士返回首都时,忠于他的'奥斯坦基诺'将给他提供足够的演讲时间。"

我认为,不久以前格沃鲁欣拍摄的电影《亚历山大·索尔仁尼琴》非常有意思,它把我们带到了上面提到的佛蒙特州。作家当时生活在自己的庄园里。这部电影在新闻界引起了很大反响。对于这部电影,评论家的意见分歧令人惊奇,但有趣的是,在某些问题上他们有着相同的意见。《消息报》国际问题专家孔德拉绍夫写道:"思想的君王,我们意志坚定的良心……伟大的同胞……"柳比莫夫在《文学报》上这样描述道:"庞大的身躯,伟大的人格……令人敬畏的意志……"某人甚至这样表达:"我有幸和他生活在同一个时代,太棒了!"

人们在私下里的争论也很多。有人说:"索尔仁尼琴的《1917年3月》最有意义,概括了二十世纪下半叶……"另外一个人会马上打断他,纠正道:"亚历山大·伊萨耶维奇是俄罗斯文学界乃至整个社会最重要的人物。"还会有第三个人勇敢地说:"我不怕重复,他是卓越的人物……"

作家的住宅里有"黑暗的厨房",没有用人,只是"在简陋的桌子上摆着复活节的圆柱形大甜面包"。办公室里没有任何现代化办公设备,就连书架都是自制的。评论家们对整个庄园流露出极端的崇拜和景仰。正如安宁斯基所说,每一套家具都能使他想起俄罗斯。刚一进门,您马上就会想到"俄罗斯模式"!拉特宁马上将其具体化:"就像普希金的米哈伊洛夫斯基、托尔斯泰

天堂歌手

的亚斯纳亚波利亚纳、屠格涅夫的斯帕斯基……"托尔斯泰说："没有亚斯纳亚波利亚纳,我简直无法想象自己对俄罗斯的态度。"看来,索尔仁尼琴有权利说："没有佛蒙特州的庄园,我就不能……"

作战部门的宠儿是否战胜了时间和空间?

应该承认,一些评论家在惊讶和赞赏之余似乎有些不同意见。为此而责备这些崇拜伟大作家的人,我认为没有什么意义。柳比莫夫果断地说,这部电影的主人公"完全克服了年龄的限制"。该怎么理解这一点呢?是永垂不朽吗?另一方面,评论家称:"他把所有的障碍都踩在脚下,战胜了一切——疾病、克格勃、空间和时间。"主要是靠苏联的医学和医生的帮助,年轻的身体战胜了疾病。他战胜了时间和空间,就像著名的"前进,快乐的孩子们"一样……记得吗?

我们战胜了时间和空间,
年轻的主人们!

1934年,修建了铁路和公路(突厥斯坦—西伯利亚铁路,长一千五百公里),并且开辟了航线,令人难以置信地追求平流层的高度(费多谢延科、弗拉先科、乌瑟斯金的飞行),我们确实战胜了空间。当时,在最短的时间里,我国跻身于世界的前列,我们的确战胜了时间……

最后,关于克格勃,大家已经知道,索尔仁尼琴在入狱的第一年就被发展为秘密通信员。他给自己起了第一个化名——韦特罗夫。

我们看到,评论家们有时候会自相矛盾。1974年,他们在年轻的戈沃鲁欣的指挥下去设置障碍物,而现在年老了,却喊着:"皇帝万岁!"

更让人感到奇怪的是,他们中的一些人对其偶像的生活了解得显然不够。比方说,安宁斯基写的关于他的"梁赞流放"。他在梁赞生活了将近十五年,这是他度过的最快乐的一段时光。有人说,这位从狱中归来的人回到了心爱的妻子身边。她在不久前确实跟了别人,但他回来之后,她迅速地恢复了原来的地位。他那时住在非常不错的独立居所中。妻子是科学院院士,副教授,有很高的收入,还能额外挣一些翻译费。于是,她亲爱的丈夫可以接受六十卢布的最低工资,在技校里从事教学工作,其他时间则奉献给了文学。在休息日,他弹奏乐器、滑雪和骑自行车旅行。在假期里,他到全国各地旅行,从波罗的海到贝加尔,从列宁格勒到克里米亚和高加索。正是在梁赞居住时,索尔仁尼琴在文学方面赢得了知名度。

顺便提一下,据拉克申回忆,《新世界》杂志刊登了《伊万·杰尼索维奇的一天》之后,索尔仁尼琴马上就告诉杂志社的人,他有六十卢布的生活费。新世界杂志社的编辑摇了摇头,同情地说:"真想不到,你过的是这样的日子!"安宁斯基令人感到困惑,他把电影的主人公称为"伟大的流放犯"。是的,他曾经是流放犯,但这已经是很久以前的事了,如今他恢复了公民资格。他的长篇小说在杂志上被广为传播,多卷集,发行量很大,获得了最高文学奖。早已消失的伊万·西拉耶夫拍了封热情洋溢的电报,恳求道:"回来吧,我求你了!"最后,他公开乘飞机到了美国,第一件事就是给伟大的修道士打电话,劝说他回来……

天堂歌手

第一次接受炼狱的考验

"索尔仁尼琴在二十世纪的人间地狱的烈火中锻炼得更为坚强"的说法被广为流传。这种说法有双重含义：他经历了第二次世界大战的"炼狱"，并且经历了斯大林劳改营的"炼狱"。

亚历山大·伊萨耶维奇让我们相信，他接受了炼狱的考验。1967年5月，在给第四届全国作协代表大会的信中，他写道："在战争中，我担任连长职务。"后来，在《古拉格群岛》中，他写道："我和我的同龄人一起战斗了四年……"他是这样描写自己的四年炼狱生活的："我们蜷缩在弹坑中……上帝！在炮弹和炸弹中，我请求您保住我的性命……"

1970年，诺贝尔文学奖评委会在他的简历中是这样写的："战争开始时，他是拉炮马车队的车夫。从1941年开始，他在那儿度过了整整两个冬天，然后被转到了炮兵学校。1942年11月毕业，被任命为炮兵侦察连连长。从那时起，他不断参加战斗，没有离开过前方，直到1945年2月被捕。"戈沃鲁欣在电影中讲的正是1942年，但列舍托夫斯卡娅却说，索尔仁尼琴不是在战争开始时入伍的，而是在1943年5月才出现在战场上。

"那场战争是奇怪的炼狱……"索尔仁尼琴写道。蜷缩在炮弹坑里，索尔仁尼琴写了许多短篇小说和诗。在炸弹和手榴弹的轰炸下，他写了中篇小说的手稿，并且开始撰写长篇小说。最后，他把所有这些手稿从弹坑里传递给了莫斯科的研究生叶热列茨。此外，他还构思了意义非凡的长篇小说《热爱革命吧》。他妻子后来回忆道："我和萨尼亚一起散步、聊天、读书，他还教我射击。"

舒罗奇卡看起来很棒

艺术大师克德罗夫让我们相信:"陀思妥耶夫斯基和托尔斯泰的灵魂好像附在了索尔仁尼琴身上。"太棒了!索尔仁尼琴谈起陀思妥耶夫斯基的《死屋手记》时,非常激动地说:"与我的经历相比,尼古拉的经历根本算不上痛苦的经历。"陀思妥耶夫斯基于1849年4月23日被捕,时年二十八岁;索尔仁尼琴于1945年2月9日被捕,时年二十七岁。陀思妥耶夫斯基是因被人告密而被捕的,他知道告密人的名字:安东内利。他为自己的疏忽而懊恼,为轻信了叛徒的话而感到难过。而索尔仁尼琴没有抱怨任何人,他不仅没有为不公正而感到痛苦,而且对审讯员叶泽波夫说,他为自己在1945年年初,而不是在1948年或1950年被捕而感到高兴,因为他不知道第五十八条法律的内容是什么。

索尔仁尼琴是这样理解自己的被捕的:"这是我能想到的最轻松的被捕方式:没有把我从亲人的怀抱中拉开,没有毁掉我的家庭生活……失去的只是营地和最后三个月的战争画面。"而在谢苗诺夫广场,陀思妥耶夫斯基被判处死刑。在经历了可怕的心理和肉体的考验之后,他听到了新的判决:四年苦役。索尔仁尼琴没有经历十分钟等待死亡的时间,他从一开始就坚信,自己不会被十多年的刑期吓倒。

他们几乎在同样的年龄入狱,但他们的健康状况完全不一样。陀思妥耶夫斯基有癫痫病,并且患上了风湿病。在做苦役时认识陀思妥耶夫斯基的马尔季亚诺夫回忆说:"他那苍白的、枯瘦的脸上,布满了深红色的斑点。他目光忧郁、呆滞……"多么逼真的苦役犯形象啊!

陀思妥耶夫斯基服完苦役之后,去当兵了。弗兰格尔是这样

天堂歌手

描述的:"他穿着带红色立领和红色肩章的灰色军大衣,被雀斑覆盖的苍白的脸……"

海明威说过,所有真正的作家都应该经历战争或是牢狱。那些了解索尔仁尼琴监狱生涯的人,刻画出了他的形象。当他在克拉斯诺普列思宁斯克押解站时,列舍托夫斯卡娅的亲戚图尔金娜在莫斯科给她写信说:"我见到了舒拉奇卡①,他将和在莫斯科河岸边装卸木材的朋友们一起回来。他看上去很棒,晒黑了,精神饱满,笑起来时嘴都咧到了耳根,牙齿闪闪发光。他的情绪很好。"那是在1950年夏天,索尔仁尼琴被带到了埃克巴斯图兹。他看上去很好,充满力量,对自己最近三年的生活很满意。

我们注意到,身患癫痫病和风湿病的陀思妥耶夫斯基几乎整个刑期都是在鄂木斯克和谢米巴拉金斯克度过的,也就是说,是在西伯利亚严寒的气候条件下度过的。而完全健康的索尔仁尼琴不过是在自己刑期的最后两年半才感受到了这种气候,刑期的大部分时间住在俄罗斯中部富饶的、气候温和的地区。

索尔仁尼琴在《古拉格群岛》中写道:"检察官不想放过《死屋手记》,担心陀思妥耶夫斯基描写的轻松生活……将无法遏制犯罪。"

舒拉·巴拉甘诺夫斯基亲眼所见

监狱里的生活条件到底怎么样呢?这当然要从住处说起。

《死屋手记》的主人公是这样讲述的:"天黑时,我们所有人都被赶到牢房里,整晚被锁在那里。这是一个狭长、低矮的房间,用油脂做的蜡烛散发着浓重的令人窒息的味道。在木板通铺

---

① 亚历山大的爱称。——译者注

上，属于我的只有三块木板。一个房间里睡三十个人……夜晚来临，即使窗外有凉风，屋里也闷热无比。无数只跳蚤……"而我们的蒙难者呢？他在《古拉格群岛》中是这样描写的："给我们增加了第六个（囚犯），把我们全部转到了漂亮的五十三号牢房……"即使在埃克巴斯图兹监狱，他住的也不是充满臭气和满是跳蚤的房间。

说到苦役犯的服装时，不能不提到像戴镣铐这样的日常生活细节。无论是在晚上、在生病时还是在过节时，他们都不摘镣铐。即使有时摘镣铐，那也只是为了换链子。《死屋手记》中这样写道："在托博尔斯克，我看到铁链被锁在墙上，大约有一俄里长。他在那儿有一张单人床……有的坐五年，有的坐十年。"

六十天和三天

在监狱里，劳动多长时间、休息多长时间是十分重要的。我没有偷懒，打开了《死屋手记》，里面讲道："在漫长的夏日里，我们几乎整天在干活。""几乎整天"是什么意思？下面有解释："晚上十点钟开始点名，我们被赶进牢房。早晨五点被叫醒，无论如何都不能在晚上十一点以前睡觉。"睡了几个小时？不到五个半小时。而在又闷又臭的房间里，睡眠质量怎么样，我们就不得而知了。

每天早晨六点钟，囚犯就要去砖场。工作时间最少十二个小时，吃的只有面包。

冬天的日程有些不同。天刚黑，苦役犯就被锁进牢房。是可以多休息了吗？啊，如果是那样就好了！首先，因为拥挤，等到大家全部睡着，要四个小时。其次，他们比夏天在牢房里待的时间要长，多半不是休息，而是受折磨。

天堂歌手

列舍托夫斯卡娅提到,她丈夫在信中抱怨,他劳动八个小时,休息三个小时,没有其他的自由时间。他有庞大的计划:写作、学外语……显然,每天三个小时的休息时间是有些少。这就是他的苦役生涯!

对于索尔仁尼琴来说,在押期间的每个星期日都不是工作日。5月有两个节日,10月有两个节日,还有"宪法日"……一年下来有将近六十个休息日。那么在死屋中居住的人是否也有休息日呢?是的,也有。一年有三个休息日:复活节一天,圣诞节一天,皇帝命名日一天。结果就是这样:六十天和三天……

迈着小碎步干活

在谈及整个沙皇时期的苦役时,亚历山大·伊萨耶维奇强调,在那里派人去干活时,他们会考虑到劳动者的体力和技术水平。比如,在阿卡图伊斯基劳改营,所有人都能够轻松地完成劳动任务。为了不使读者产生疑问,他强调了"轻松地完成"。而在鄂木斯克劳改营,囚犯们无所事事。他们有时候迈着小碎步去打猎,有时候干脆慢跑,镣铐快乐地叮当作响。

主持正义的人(指索尔仁尼琴)继续向我们揭发这些无所事事的人:"干完活之后,死屋的苦役犯长时间地在监狱的院子里散步。""散步"这个词强调的是:不疲劳。

我们还是重新翻开《死屋手记》,读一读关于苦役犯的内容吧。书中写道:"给了整整一天的工作定额:挖黏土并且将其运走。他们自己浇水,自己在黏土坑里踩黏土,最后用黏土做成许多砖……"我不禁回想起《伊万·杰尼索维奇的一天》中的场面:"劳动开始了。砌好两排,再把旧的瑕疵抹平……干这样的工作,就连擦鼻涕的工夫都没有……"

索尔仁尼琴想让我们相信,在他刑期的后半段时间里,饮食是非常差的。早在1945年6月20日,他就开始收到包裹了。"在我们的监狱里,"他写道,"可以不受数量限制地得到包裹"。当然,这并不意味着别人也能收到包裹。包裹中除了食品,还有一些物品,如:毡靴、衬衣、袜子、手套、口罩、拖鞋等。据列舍托夫斯卡娅回忆,一般是快到节日的时候才会寄包裹。

索尔仁尼琴的无产阶级工龄

亚历山大·伊萨耶维奇参加体力劳动是在1945年,在克拉斯诺普列斯基转换监禁地时。当时,他是在莫斯科河的一个码头上卸木材。陀思妥耶夫斯基写道:"苦役劳动比任何劳动都痛苦,因为是被迫的。"于是,他竭尽全力去获得公职人员的认可,以便不用干体力活。在码头上,派工员沿着囚犯的队列走着挑选工头,亚历山大·伊萨耶维奇承认:"我的心都要碎了:选我!选我!选我!……"在转换点的短暂停留,计入他无产阶级劳动工龄的只有两个星期。

后来,他被转到了新耶路撒冷劳改营。那里有个砖厂。多么相似——陀思妥耶夫斯基的《死屋手记》中也有一个砖厂……他扣好制服的五个扣子,挺起胸,来到所长办公室。"军官吗?"所长问道,"指挥哪部分?""炮兵师!"我说谎了,觉得"连"太小。"好!您将成为黏土岗位的替班师傅。"这位谎称自己是师长的年轻人只有二十岁,不懂得生活,当然无法赢得那些见多识广的人的尊重。陀思妥耶夫斯基在《死屋手记》中写道:"所有人都在干活,只有我一个人站着,怎能安心……"

1945年9月4日,他被转到了卡卢加劳改营。他写道:"不是让我做挖土工,而是让我做油漆工……很快,定额员助理的位置空了出来。没耽搁,第二天早晨,我就做了定额员助理,所以

天堂歌手

没有学会干油漆工的活……我没有学过定额,只是懂得乘法和享受其中的乐趣。"

"工作适合我,我也适合工作。"他愉快地在给妻子的信中写道。

"我躺在小草上写作……"

陀思妥耶夫斯基在给马雅可夫斯基的信中抱怨:"无法向你表达在监狱里不能写作有多么痛苦。"索尔仁尼琴则提出,因为没有纸和其他必需的工具,所以写作是不可能的。索尔仁尼琴再一次推论:"柯罗连科在监狱里写作,那里一切正常!"用铅笔写吗?(为什么没有被没收,是折断之后放在衣服里了吗?)放在卷曲的头发里带来的吗?(为什么不剃光?)可以保存这些手稿并且自由地寄出去吗?(这是我们现代人最不理解的!)

他写道:"有一次,我离开大家,单独躺在小草上写作……"由此可见,他不仅可以坐着,而且可以躺着。其实,在刑期的大部分时间里,办公桌都伴随着索尔仁尼琴。也许就是因为这张劳改营的桌子,他才喜欢上了写作。他写道:"在马尔芬科研所期间,监狱方面允许我写作……我把所有的时间都奉献给了写作,而放肆地把公家的工作抛在了一边。"

陀思妥耶夫斯基入狱时,已经是著名作家了。他写道:"同样的工作,同样的镣铐,同样的锁——所有的囚犯都是一样的。"据作家马尔季扬诺夫回忆,有一次,把陀思妥耶夫斯基留在监狱里干轻松的工作。他干完活,躺在自己的铺位上休息。这时,以凶残闻名的克里夫佐夫少校出现了。

"这是怎么回事?他为什么不去干活?"少校喊道。

"他病了,阁下!"少校的随从回答道。

"胡说！我知道你们在迁就他！把他带到哨所！"

于是，陀思妥耶夫斯基被带到了哨所。据说，在要塞司令格拉韦将军的积极干预下，作家才得以幸免。现在清楚了，真相是这样的：珍贵的档案确实有，但没收和搜查是想象出来的。

鄂木斯克监狱的医院

在医院不摘镣铐，并且用长大褂取代了衣服、裤子。关于长大褂，《死屋手记》的主人公是这样讲述的："它使我变得暖和起来。药味越来越浓，我觉得像某种脓液的味道。这毫不奇怪，因为长大褂始终被病人穿着……囚犯病房里经常出现刚刚被藤条鞭惩罚过的遍体鳞伤的囚犯……"索尔仁尼琴是这样形容长大褂的："在这些长袍上，有时会出现又大又肥的虱子。囚犯们把杀死虱子当成乐趣……臭虫会爬满整个房间。在漫长而寂寞的冬日，杀死臭虫……"

《死屋手记》里是这样形容医院里的双耳木桶的："当木桶被拿进来时，病房里很温暖，但谁也不可能躲过那可怕的疾病……房间里臭气熏天，到了让人想要服毒自杀的程度……现在想起来都觉得既可怕又恶心。"

不过，既年轻又健康的索尔仁尼琴在监狱里不太需要医生的照顾。1950年11月的一天，他突然发烧，从医生那里拿到了假条。1952年，他的腹部长了个肿瘤，被送到了医院，但是那里没有虱子、臭虫和令人难以忍受的臭气。医生成功地给他做了手术，他两周之后就恢复了……

天堂歌手

没有音乐，他是如此痛苦……

索尔仁尼琴写道："甚至允许作曲家科勒姆普涅尔把自己的三角钢琴从家里搬到劳改营……解除警报后，他在劳改营的舞台上点着蜡烛演奏……"索尔仁尼琴不仅有机会在狱中读书、写作，而且可以听广播！通过这些广播，我们的囚徒迅速地丰富了自己的音乐知识。应该说，索尔仁尼琴不是在整个刑期都在享受音乐——在埃克巴斯图兹监狱就没有。列舍托夫斯卡娅说："他给我写信说，收音机坏了，完全听不见声音了。这就是说，他听不到音乐了……他在报纸上读到广播节目预告时，心中充满了忧伤……"他为什么如此苦恼和忧伤？是因为没有音乐！

那么，死屋中的情况如何呢？无论是陀思妥耶夫斯基还是他的同伴，都没有用来听音乐和戏剧的收音机。圣诞节时，许多人拿着自己的巴拉莱卡琴①走来走去。这个与三角钢琴相比……此外，圣诞节的晚上，囚犯们干完活之后，还会靠自己的能力举行演出。这是真正的演出！

索尔仁尼琴回忆道："在宽敞的食堂里，音乐会开始了……"而陀思妥耶夫斯基则说："戏剧快要结束时，大家的情绪达到了极点……眼前的监狱、镣铐……让人感到悲伤的漫长岁月……突然允许我们这些囚犯开开心，忘记那沉重的枷锁……"

如果沃尔孔斯基将军遇见他……

沃尔孔斯基引用《死屋手记》中的叙述："在涅尔琴斯克采

---

① 俄罗斯的一种弦乐器。琴身呈三角形，有三根弦。——译者注

你所不知的索尔仁尼琴

矿场,在押的十二月党人每人每天的固定工作量是运送三普特矿石。"当然,对于索尔仁尼琴这样的小伙子来说,三普特不算什么,丝毫不会影响他的健康。而十二月党人呢?他们手拿锄头、铁锹,双手戴着镣铐。他们中的许多人当过兵,打过仗。沃尔孔斯卡娅的丈夫谢尔盖·格里戈里耶维奇·沃尔孔斯基十八岁就当了兵,而索尔仁尼琴在谈恋爱的年龄刚刚成为大学生。沃尔孔斯基参加了五十八次战役,受过重伤,后来成了将军,而索尔仁尼琴二十三岁才参军,到了运输连……

沃尔孔斯基被捕后,被扔进了那个阿列克谢耶夫斯基三角堡。过了四分之一个世纪,四十岁的陀思妥耶夫斯基也到了那里,而索尔仁尼琴被捕前刚满二十六岁。许多十二月党人都比沃尔孔斯基年轻。骑兵中尉伊万苏尔日诺夫、上尉索洛维耶夫和少尉尼古拉·莫兹加列夫斯基都只有二十多岁——精力充沛的年龄!1826年9月5日,他们从基辅被发配到西伯利亚的泽连图伊斯基采矿场。直到1828年2月12日,他们才到达目的地。整个一年半的路程,他们是戴着镣铐和刑事犯一起走过来的。而我们的蒙难者(指索尔仁尼琴),在靠近前线的地方被捕了。他是坐着火车去莫斯科接受审判的,而晚些时候从莫斯科到哈萨克斯坦也同样是乘坐火车。当然,他携带了一个装有私人物品的箱子,里面装有各种纸张。押送队队长(中士)点着头对他说:"拿好自己的箱子。"但他灵机一动,心想:"就是拿箱子吗?他想让我这个军官提箱子?而旁边行走的就是空着手的六个普通士兵,还有胜利民族的代表!"

据玛丽娅·沃尔孔斯卡娅回忆,其丈夫在布拉戈达茨基监狱时的情况是这样的:"谢尔盖的房间十分低矮,在里面根本无法站立。他和特鲁别茨科伊和奥博连斯基住在一起。奥博连斯基的床没有地方放,于是请求在特鲁别茨科伊的床上为自己加一块板。这是监狱大墙内的'小监狱',布尔纳舍夫建议我进去。最初的一刻,我什么都没有看到,里面漆黑一片……我爬进丈夫的

房间。谢尔盖扑向我,他的镣铐叮当作响,使我感到惊讶……我跪在他面前,吻他的镣铐,然后吻他……"十二月党人沃尔孔斯基与自己妻子的第一次约会就是这样进行的。而在1945年,索尔仁尼琴与妻子的第一次约会却与此大不相同。列舍托夫斯卡娅回忆道:"第一次约会……在门口,看到了丈夫的笑脸……"

晚些时候来布拉戈达茨基采矿厂的别斯图热夫补充道:"第一批十二月党人被关在既拥挤又肮脏的牢房里。他们吃光了各种昆虫,真是臭气熏天……为了下矿井,他们被放出来的时候,是他们最快乐的时候。"

艰苦的生活条件很快就把他们这些侯爵和军官压垮了。监狱的医生向领导报告说:"特鲁别茨科伊嗓子疼并咯血。沃尔孔斯基胸闷。达维多夫也胸闷,他的伤口裂开了。雅库博维奇因受重伤而头疼,并且胸闷。"而索尔仁尼琴则说:"健康的生活方式使我受益匪浅。"他的妻子看过他的信之后说:"他顺利度过了这个冬天,甚至没有患过重感冒。"

1856年8月26日,亚历山大二世在登基日赦免了一百二十一位十二月党人,活下来的只有十九人,因为他们等待的时间太长了——整整三十年!沃尔孔斯卡娅的记录证明了他们焦急等待的心情:"在流放的初期,我想,再过五年也许就结束了。后来,过了十年、十五年、二十五年,我不再等待了,只求上帝把我的孩子带出西伯利亚。"

战场上的任何经历都有可能以悲剧结束。我们不再这样严肃地谈论前线和对索尔仁尼琴的监禁。索尔仁尼琴的刑期从在前线被捕之日算起,而陀思妥耶夫斯基的刑期是从到鄂木斯克监狱之日开始计算(过去在阿列克谢耶夫斯基三角堡扛石袋和冬季十一个月戴镣铐的旅程统统不算)。这一事实也许会引起真正的基督徒和一些正派人的同情。

你所不知的索尔仁尼琴

为自己的脸盆担心

他在东普鲁士被捕之后,在被押往莫斯科审讯的路途中勇敢地大声喊叫,以表示抗议,但是在波兰,他沉默了……他在比亚韦斯托克大街上没有喊出一句话……而他是多么想大声喊叫,甚至像野人一样狂舞……

多么可怕!当这个勇敢而高尚的人发现不公正和邪恶时,根本就没有机会高声喊叫。在卡卢加劳改营中,关押他的房间里总共有六个人,有两个人是头目。作家回忆说:"他们完全控制着我们。只有经过他们同意,在他们不使用时,我们才可以使用电炉子。只有他们能决定给不给房间通风、在哪儿放鞋子、在哪儿挂裤子、何时停止说话、何时睡觉、何时起床……"独裁者们和大家一样,都是囚犯,没有任何特殊的权利,但他们却十分蛮横无理。亚历山大·伊萨耶维奇只能和他商量,更确切地说,是求他们答应在哪里挂裤子。当我们的沉默者遇到真正不公正的情况时,再也不沉默了,而是坚决反抗,坚决斗争。格奥尔基·斯捷潘诺维奇·米特罗维奇在科雷马待了十年,后来和索尔仁尼琴一样,在科克捷列克村任中学教师。他是个年老体衰的人,仍然不知疲倦地与邪恶做斗争。

谈到这种勇敢而无私的行为时,索尔仁尼琴非常理解地说:"如果我站在他那边,那么我们肯定能够胜利!"结果怎样呢?他承认:"但我一点儿也没有帮他。我保持了沉默,避开了决定性的投票(为了不反对他)。我跑到了会场外面……"总之,这个三十五岁的小伙子保持了沉默,而他那年老体衰的同伴却在喊叫。

他还讲述了《古拉格群岛》中的囚犯格里戈里·伊万诺维奇的故事。他成为俘虏之后,接受了不公正的审判。"他那平静的

天堂歌手

大眼睛闪着光,显得十分直率——某种不屈不挠的直率……"

就是这个格里戈里·伊万诺维奇(快五十岁了),在克麦罗沃劳改营时,有个负责人试图把他发展为秘密小组成员,他回答说:"我讨厌和您讲话。"于是,那个人恐吓他说:"我还会找上门来的!"格里戈里·伊万诺维奇没有畏惧,没有跑去开证明,没有卑躬屈膝,而是又一次坚定地回绝了。

1962年新年前夕,索尔仁尼琴和妻子从梁赞到莫斯科的一个阿姨那里把自己的手稿藏起来。"节日里,在电气火车上,一个喝醉了的流氓在嘲弄乘客。男人们都不去阻止他,于是他跳到了离我不远的地方……我的脸盆是非常好的,但旁边放着藏有极为珍贵的手稿的箱子。我不敢上去和他们周旋,因为打架之后,大家不可避免地要被拉到警察局去……为了履行俄罗斯人的责任,应该有自制力。"他是这样回忆这段旅程的。

1978年8月13日的《苏维埃俄罗斯报》上刊登了记者米哈伊尔·潘科夫的报道:

> 凌晨,在古比雪夫的奥博沙罗夫卡电气火车站,一名男子走进了火车车厢。他向天花板射击,看着乘客问:"懂吗?"接着,他命令:"准备好钱!"犯罪嫌疑人以为自己吓唬住了周围的人,谁也不敢冒险反抗他,但南乌拉尔大型粮仓的工人伊万·亚罗夫斯基毫不犹豫地向他扑过去,试图将武器夺过来……这位敢于冒险的人死在了歹徒的枪下……古比雪夫机车段的火车司机康斯坦丁·瓦西里耶维奇·维普利斯基参加了搏斗,并受了伤。强盗仍然没有离开。在其他公民的协助下,他被抓住了。

苏联最高苏维埃全体会议颁布命令,为表彰他们在抓捕犯罪嫌疑人时所表现出的英勇无畏的精神,授予亚罗夫斯基和维普利

斯基红星勋章。韦特罗夫也有红星勋章，是在炮兵连服役时得的……

韦特罗夫总是说："我没有保护好在那个春天被捕的布科夫斯基，没有为格里戈连科打抱不平……"他常常保持沉默和进行躲避，甚至因为自己的脸盆而感到恐惧，因为那个脸盆里装着他最珍贵的手稿……

家庭妇女的孩子们及其背景

家庭妇女的孩子们及其背景

"俄罗斯人还在站着……"

战争刚刚开始的时候，我们的最高统帅犯了一系列严重的错误，对形势作出了错误的估计。1945年5月24日，斯大林在庆祝胜利的招待会上对红军指挥员们说："我们的政府犯了不少错误……从1941年到1942年……我们曾经很绝望。"不能忘记这个正确的、完全可靠的提醒，就像不能忘记1941年我们没有像德国陆军总司令哈尔德将军那样，主张"在两周内赢得战役"。谁也没有去设想在八至十周内消灭侵略者。谁也没有计划在8月占领柏林，并在那里举行胜利者的游行，像希特勒计划在莫斯科举行这样的游行那样。而且，我们犯的错误是战术性的，我们的战略思想并没有错：拥有必胜的信心。

索尔仁尼琴写道："后退可耻……"战争的第一天，苏联的大胡子领导人莫洛托夫坚定地说："我们的事业是正义的。敌人将被消灭，胜利将属于我们！"德国人也对胜利充满了信心，他们到最后都没有放弃征服全世界的"战略妄想"。哈迈德少将在日记中写道："在前线局势的影响下，道路情况和其他情况的变化完全不像最高司令部估计的那样。总的来说，似乎无法完成陆军总司令下达的命令。"

战争的第一天，我们就失去了许多机械装备，有生力量受到了巨大损失。7月3日至7月4日，芬兰、匈牙利、罗马尼亚的军队与德国军队一起转入了进攻，军事行动的总战线扩展到了四千公里。德国第四坦克部队的先头部队在波罗茨克西北部的西德温和罗加乔夫地区渡过了第聂伯河。普斯科夫、维捷普斯克、奥尔沙、莫吉列夫、基辅处于危险的境地……这就是希特勒要达到的目的。他试图理解克里姆林宫中的斯大林和战场上的普通红军战士，但是前者为什么能够自信地说出"一定会消灭德军"的话，后者为什么能这样忘我地战斗，他无论如何都无法理解！

我们有理由认为，在战争最初的日子里，希特勒已经产生了这种感觉："……俄罗斯人全部站着。"可怕的感觉，他只是在梦中体验过类似的感觉。俄罗斯人进攻法军左翼的消息，引起了拿破仑的这种恐惧……

哈尔德在日记中写道："俄罗斯人在所有地方都战斗到最后一个人，只在个别地方有人成为俘虏……看来敌人的燃料不够……他们把坦克埋到地底下，以这种方式进行防御……和俄罗斯人的战斗空前激烈。只抓住数量很少的俘虏……"是的，希特勒知道所有这一切，以及问题的实质：俄罗斯人全部站着。

接着，托尔斯泰写道："拿破仑率领的法国军队在博罗季诺郊外第一次用精神力量消灭了最强大的对手。可怕的1941年夏天，发生了类似的事情：尽管在人员、装备、领土方面遭受了巨大损失，但是在德国法西斯侵略期间，我们的红军和我们的人民用精神消灭了最强大的敌人。

反对索尔仁尼琴的希特勒

德国人出现在莫斯科城下比法国人晚三个月。三个月！试问，他们在那里溜达了这么长时间吗？想占领我们的首都时，他们在哪里？不是在7月就是在8月，他们的命运就已经被决定了（哈尔德，7月8日："元首不可动摇地决定，从地球上铲除莫斯

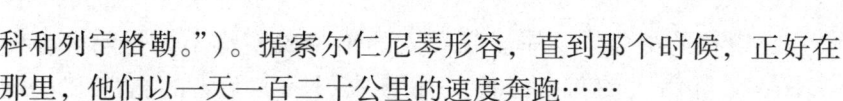

科和列宁格勒。"）。据索尔仁尼琴形容，直到那个时候，正好在那里，他们以一天一百二十公里的速度奔跑……

顺便提一下，在战争末期，也就是1944年12月，希特勒在一次军事会议上谈到德国坦克部队时说："从理论上说，坦克可以在一昼夜间挺进一百公里，甚至是一百五十公里，如果路况良好的话。"但是，众所周知，理论和实际并不见得统一。希特勒是这样说的："我不记得任何一次进攻行动……我们哪怕在两三天之内挺进五六十公里……没有。按照常规，在行动快结束的时候，坦克师的行进速度未必能超过步兵团的行进速度。"

反对索尔仁尼琴的戈培尔

我们的天文学家（指索尔仁尼琴）思考的不仅是战争的进程，还包括那些将军和统帅们。他极力使我们相信，叛徒弗拉索夫是一个"最有能力的将军"。他以最亲密和最直接的方式与苏联最高军事领导人交往，由此对他们作出这种判断。如，1944年3月，在前线待了不到一年，他就获得了假期，待在莫斯科。当时在莫斯科郊外疗养院的医院当外科医生的中学同学基里尔·西蒙尼扬邀请他去家里做客，他去了。他回忆道："午饭时（顺便提一下，西蒙尼扬的妻子当时也在场），我勉强忍住，没有在说话时加上'妈的'，就像我们在战场上习惯的那样。"这是前线战士惯常的风气，经历了血与火的洗礼的我们对此早已习惯了。在这种时候，酒足饭饱，英雄们难以抑制地想让自己的行为"像我们在战场上习惯的那样"。原来，早几天，罗科索夫斯基也在这里治疗和休息。也许，他当时也是坐在那把椅子上。索尔仁尼琴甚至亲眼目睹了其他元帅的风采。一次，他走在新世界出版社的走廊里，看到科涅夫迎面走了过来！后来，他是这样描写这种亲密的交流的："我在出版社见到了穿着便服的他。"

在以往的战争中,军队领导人的出身确实都不太显赫。他们并不是来自伟大的首都,而是来自农村——无名的村庄和小城市。众所周知,最高统帅的父亲是鞋匠,在梯弗里斯州季季里洛村,而他的母亲出身于农奴家庭。他的副手朱可夫元帅也是这种情况:父亲是卡卢加州斯特列尔科夫村的鞋匠,母亲出身于贫苦农民家庭。元帅在回忆时说:"……非常贫困……父亲是鞋匠,工资很少,母亲被迫去运货……我想,乞丐的收入都会比这多一些。"总参谋长瓦西里耶夫斯基回忆道:"父亲微薄的收入根本不够这个多子女的家庭开销……冬天,父亲兼职做木工。他按照地方自治局的订购单,制作中学生的课桌,以及窗框、门和蜂箱。"

科涅夫元帅来自维亚斯基州,父母都是农民。罗科索夫斯基元帅在华沙出生,父亲是火车司机,母亲是中学教师。沙波什尼科夫元帅的父亲是私人雇工,母亲是中学教师,家里有八张嘴等着吃饭,生活困难。

梅列茨科夫将军是梁赞州贫苦农民的儿子,后来在莫斯科和苏多戈杰当钳工。崔可夫将军出生在莫斯科州谢列布里亚内池塘村的一个农民家庭。炮兵元帅雅科夫列夫来自旧鲁萨,父亲是消防队员,母亲是个家庭妇女。切尔尼亚霍夫斯基将军家里有五个人,父亲是马棚的饲养员,母亲是家庭妇女。丘列涅夫将军出生在辛比尔斯克的贫苦农民家庭,十四岁去打短工……

我们的大多数军队领导人都是贫苦出身,他们并不因此而感到羞耻。朱可夫元帅曾经说:"我喜欢大人们经常带我去割草……我自豪,在劳动中感觉到自己是一个有用的人。"这是瓦西里耶夫斯基元帅的告白:"我们从小到大在菜园、田地里干活……和农民们一起割草和做其他农活。他们中许多人的脸庞至今历历在目。"他们所有人都为自己是普通人而感到骄傲。索尔仁尼琴写道:"集体农庄的队长突然想起,自己的血管里流淌着农民的鲜血……他们这些'家庭妇女的孩子'为自己能够接受教育、担任高级职务和获得荣誉而感到自豪。"

在德军领导人中，完全是另外一种情况。第二次世界大战开始前不久，三十个军区和四个军团中有十个人出身贵族：瓦尔特·冯·布劳希奇、威廉·冯·莱布、格奥尔格·冯·丘赫列尔、费奥多罗夫·冯·博克、京特·冯·克卢格、戈尔特·冯·尤德施泰特、瓦尔特·冯·赖谢瑙、埃瓦尔德·冯·克莱斯特、马克西米安·冯·魏克斯和冯·科列斯施泰因。他们中的许多人都很有背景……

著名的戈培尔在1945年3月16日的日记中写道："总参谋部给了我一本印有苏联将军和元帅生平和肖像的书。书中记录了我们过去所犯的错误。

"这些元帅和将军非常年轻，平均年龄不超过五十岁。他们具有丰富的革命经验，是坚定的布尔什维克，具有良好的气质。简言之，我只能得出一个令人不快的结论：苏联军队的领导人出身于比我们优秀的人民阶层……

"我向元首汇报了总参谋部的那本书的事，还补充说，我觉得我们根本不能与这些领导人相提并论。元首完全同意我的看法。我们的将领年龄太大，过时了……与他们不同的是，苏军将领不仅狂热地相信共产主义，而且更加狂热地为了争取胜利而斗争……"

向俄罗斯人学习

1944年12月28日，因在阿登的进攻取得了胜利，希特勒充满喜悦地对西线师团的军官进行了演讲。他说："从军事力量上看，任何一个与我们为敌的大国，无论是俄罗斯、英国还是美国，都不是我们的对手……眨眼的工夫，战斗就结束了。"

从这种自夸中，能够明显地看出来，希特勒因取得了短暂的胜利而陷入了醉酒的状态。在这种醉醺醺的欣喜若狂中，他指出，对阿登的进攻并没有像我们预计的那么迅速。他承认，在这方面他们要向俄罗斯人学习。我军以少胜多，打败了德军，因此希特勒再次重申："的确有值得向俄罗斯人学习的地方。"

说实话，这并没有妨碍他在1945年1月9日召开的司令部会议上，在幸福的回忆中把德国指挥官1941年的行为与苏联指挥官1945年的行为作比较时说："我们在短时间内使他们的交通瘫痪了。而敌人不能做到这一点。他们没有组织能力，因为他们缺乏有组织能力的人才。"

将军们很少反驳自己的元首，但是希特勒把俄罗斯人说得如此无能，这只能算是自我安慰的谎言。不久前，步兵部队总参谋长古德里安上将忍无可忍地反驳说："他们的组织很出色。他们的人在匈牙利工作得很出色（当时，布达佩斯以西正在进行残酷的战斗）。"这时，发生了有趣的事情：元首第一次在现实的压力下，承认自己无能为力。他喊道："他们怎么可能在这关键时刻挺住？"他想用这种方式来表示自己同意参谋长的意见。显然，他是在用委婉的方式来支持这种大胆和清醒的看法。聪明的古德里安马上捕捉到了元首的这种敷衍塞责的想法。于是，他丢下虚假的奉承，继续证实自己的看法："应该承认，他们的指挥很有力，行动很迅速并且很果断。"这已经是责备了，尽管没有点出姓名。希特勒作出了怎样的反应呢？他马上承认，在这一点上，他同意将军的看法，只是假装没听明白他的话。对"很有力"、"很迅速"、"很果断"，他是这样回答的："所以，古德里安，我认为我们的动作应该更快些。"

俄军营垒中的骗子

反对索尔仁尼琴的哈尔德和罗森堡

索尔仁尼琴描述了发生在德军集中营中的一些事情。弗拉索夫将军走访了我们在白俄罗斯的几个战俘营。1941 年 11 月 14 日，他在日记中做了简短的记录："在莫洛捷奇诺，战俘营中的伤寒使两万俄罗斯人面临死亡。位于郊外的其他战俘营中尽管没有发现斑疹和伤寒，但大多数俘虏每天因饥饿而死亡。集中营给我留下了可怕的印象。"他于 1942 年 2 月 28 日写给最高指挥部的参谋长凯特尔元帅的信中说："苏联战俘的命运是一个巨大的悲剧。三百六十万战俘中，现在只有几十万人有劳动能力。他们中的大部分人死于饥饿、体力衰竭和寒冷。大多数集中营的领导禁止向俘虏转交任何食品，他们希望那些人饿死……战俘由于虚弱而不能继续行走时，就会被杀死。在许多集中营中缺少居住的空间，俘虏躺在雨雪中……"

1945 年 11 月 29 日，在针对德国法西斯主要战犯的纽伦堡审判中，播放了关于集中营的纪录片。他们让美国心理学家吉尔伯特和科利坐在被告席的两边，委托他们观察和记录这些观众的反应。演到了活活烧死战俘的场面——多半是苏联战俘。参加过 1946 年 4 月 15 日纽伦堡审判的鲁道夫·赫斯说："1943 年 12 月 1 日之前，我是奥斯威辛集中营的管理员。我想，在那里的瓦斯囚房和火葬场的火炉中被处决的和精神崩溃的至少有二百五十万人。此外，至少有五十万人死于饥饿和寒冷。因此，总数达到了三百万……在火葬场被处决的有近两万名俄罗斯战俘……"这意味着什么？有相当于三个师的人被放进了炉子里！

美国心理学家一丝不苟地完成了任务。他们做的记录很有意思，但如果完全引用他们的记录，会使我们误入歧途。纪录片播放完之后，他们马上围着所有囚房走了一圈儿，目的是看看被告们的反应。

弗里希（戈培尔最信任的工作人员）非常激动，泪流满面地围着囚房边跑边叫喊："无论何种力量都无法消除我们国家的耻辱……"

冯·希拉赫（法西斯组织的领导人）尽量控制着自己的情绪说："真不理解，德国人怎么能干出这种事？"

芬克（经济部部长）处于抑郁状态，失声痛哭，并重复着："太可怕了！太可怕了！"

弗兰克（司法部部长）非常激动地说："我们像沙皇一样，相信了这个恶棍！……这都是上帝赐予的！"

绍克尔（劳工处处长）完全没有控制住自己的情绪——他在颤抖。他伸出手喊道："如果我知道这与某种杀戮有关系的话，那么我情愿用这双手把自己掐死！这是耻辱！我将如何面对子孙后代？"

凯特尔（最高指挥部参谋长）坐下来说："可怕！我为自己是德国人而感到羞愧。那些党卫军都是畜生……"

里宾特洛甫（外长）双手颤抖，好像是受到了打击。他说："这种纪录片，就算是希特勒本人也不可能看下去。不可思议，希姆莱竟然下达了这种命令……"

我们不可能对所有这些反应作出相同的解释。显然，恐惧占了上风，使得一些人歇斯底里地痛哭，另一些人什么也不知道，第三种人把所有罪过都算在党卫军的头上，第四种人诅咒希特勒和纳粹制度，第五种人做了前四种人所做的一切事情。

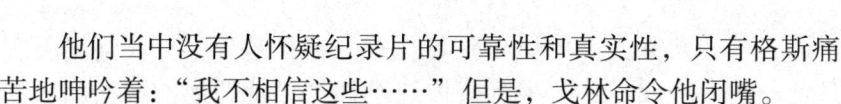

他们当中没有人怀疑纪录片的可靠性和真实性，只有格斯痛苦地呻吟着："我不相信这些……"但是，戈林命令他闭嘴。

索尔仁尼琴

据索尔仁尼琴讲述，德国人不仅对战俘十分人道，而且给所有居民带来了"极大的好处"。第一，在被占领的州，希特勒分子"彬彬有礼地"杀死了许多苏联人。第二，他们在侵占的土地上建造了毁灭性的集中营，开设了火葬场。而某人（指索尔仁尼琴）在作品中写道："太多的人为德国人的到来而感到高兴。德国人一来便开始建教堂。"

"当然，为此要付出代价。"索尔仁尼琴明智地说。付出什么代价？

"后来，接到撤离这个地方的命令……数十个妇女不知羞耻地来到火车站，和侵略者告别……就像送自己的丈夫去打仗时一样。"

还有这样写的："当大批侵略者从我们的土地上撤离时……就在撤退的德军后面，跟着苏联各州数以万计的难民……大批居民和被打败的外国敌人一起离开……只是不愿意留在胜利者的身边……"他在那里看到的似乎不是数万人，而是数百万人。

我们的研究者为了使人相信这些，讲述了顿河边上的哥萨克村的村民如何用面包和盐迎接法西斯侵略者，可是他没有说出这些人的名字。

为此，我去了斯塔罗杜布地方志博物馆。博物馆的工作人员叶·克罗特卡娅和德·阿尔哈佐娃根据生者的回忆和博物馆的材料描绘出的城市画面与索尔仁尼琴所描述的有所不同。她们特别提到，被占领期间，在斯塔罗杜布有一个地下爱国主义小组，由这个城市中年轻的居民叶甫盖尼·韦利克、阿尔克·雷日科夫、伊万·叶吉普采夫、尤里·霍穆托夫、弗拉基米尔·菲洛诺夫和其他一些人组成。这个小组掩护红军伤员，帮助他们搞药品、武器，用电台接收苏联情报局的报告。根据其提供的情报，红军在铁路上进行了几次破坏活动，使两个城市陷入了瘫痪。地下工作者们在前贵族阿纳斯塔西·德米特里耶维奇·扬切夫斯基家聚会……这不仅给我们提供了具体的名字、可引用的文件，而且给我们提供了具体地址：斯塔罗杜布市乌里茨基街十九号。而我们的编年史编撰者（指索尔仁尼琴）竟然叫不出一个人的名字！

叶·克罗特卡娅和德·阿尔哈佐娃还讲述了斯塔罗杜布市一千四百名居民被法西斯分子枪毙的事件。古老城市的居民在被占领期间从一万三千人减少到了六千二百多人。信的作者写道："他们中的一千七百多人被赶到德国受奴役。这仅仅是在一个小小的斯塔罗杜布市发生的事情！"

索尔仁尼琴十分同情这些在枪口下背井离乡、像猫一样生存的人。他试图向我们揭示，自愿与法西斯分子一起离开的人，只是不想留在自己的国家！

碎片和谎言

德国人试图让这些俘虏组成反苏部队，并称之为"骨干"。他们的构成五花八门、错综复杂。他们中有些人确实准备与苏维埃制度进行斗争，但还有一些人是被法西斯分子的宣传吓坏了，想在合适的条件下逃跑或投靠游击队。

1942年夏天，弗拉索夫中将向德国人投降之后，与敌人站在了一起。他希望联合当时所有的反苏部队，组成统一的军队，由他来指挥，但是没有达到目的。只是到了1944年年底，他才得到了希姆莱的任命。

未来的军队被纳入党卫军，完全由希姆莱和卡尔滕布隆纳负责。第一师由布尼亚琴科指挥，还有一个师由兹韦列夫指挥。弗拉索夫就这样成了两个师的最高指挥官。在宣布弗拉索夫是"真正的大人物"之后，索尔仁尼琴极力标榜他具备天赋，把他说成了英雄。他写道："战争伊始，对侵略者进行反攻的第99步兵师就是少将弗拉索夫指挥的。"但是，关于那些日子，当时的西南战线参谋长伊·赫·巴格拉米扬元帅在回忆录中写道："第二十六集团军的杰缅季耶夫将军给敌军以沉重的打击……"《第二次世界大战史》中称杰缅季耶夫是6月23日与边防军一起把希特勒的军队打出城并坚守到6月27日的第99步兵师的指挥官。最后，对我的求证，苏联国防部干部总局提供了有部门领导普罗科皮耶夫签字的答案：杰缅季耶夫·尼古拉·伊万诺维奇于1954年8月11日逝世。1941年1月17日，在我们感兴趣的解放佩列梅施尔的战斗打响以后，他开始指挥第99步兵师。

索尔仁尼琴写道："在沃尔霍夫战线，弗拉索夫领导了第二集团军。1942年1月7日，在他的带领下，他们试图突破列宁格勒的封锁，向西北进攻……其他三支军队没有准时参加行动……第二集团军（据说是弗拉索夫领导的）在1942年2月之前，顺利深入到了距离德军阵地七十五公里的地方！"

实际上是：1月13日，行动开始；2月，大规模突破敌军的防线；4月中旬，第二集团军遇到危险。在这几个月的时间里，军队并不是由弗拉索夫指挥，而是由克雷科夫·尼古拉耶维奇·库兹米奇中将指挥。1942年4月15日，他患了重病。4月16日，他被转到后方，在这之后才任命弗拉索夫为指挥员。

"这个冒险主义者完全丧失了良心和人格，没有考虑扭转战场上的局面。"我们在梅列茨科夫元帅的回忆录中读到了这句话。索尔仁尼琴写道："从2月份起，在包围圈中因饥饿而死亡的第二集团军的战士被放弃了……"实际上，1942年5月21日，总司令部下达指示，允许不带重武器和装备撤离。著名历史学家普·阿·日林写道："弗拉索夫贻误了战机，无所作为，没有采

你所不知的索尔仁尼琴

取措施保护侧翼部队,以便快速地秘密撤离。于是,德国法西斯部队切断了通道,形成了包围圈。"

1942年6月6日,敌军完成了包围的任务。这之后,他们采取了强有力的措施,试图用坦克和步兵的力量把第二集团军从灾难中解救出来。在这种情况下,他们好几次成功地打开了通道,战士们筋疲力尽地沿着通道走了出来。6月25日,德国人彻底切断了通道。

处在包围圈中的陆军司令阿法纳西耶夫少将率领一批军官和士兵在森林中遇上了卢加游击队的德米特里耶夫。阿法纳西耶夫成功地向总部汇报了其所处的位置和部队的情况。总部迅速派飞机营救他们……收到阿法纳西耶夫的无线电报,日丹诺夫和梅列茨科夫立即向奥列杰日游击队指挥员萨佐诺夫下达命令,根据新线索寻找弗拉索夫及其部下。萨佐诺夫派出三个行动小组仔细搜寻,没有找到任何人。问题在于,阿法纳西耶夫的无线电报是7月14日收到的,而7月13日,在村庄里,第二集团军司令员不可能向走进木屋的德国士兵叫喊:"不要开枪!"

事实上,阿法纳西耶夫将军向梅列茨科夫报告说:"第二集团军的官兵英勇奋战,流尽了最后一滴血。他们的艰难处境难以用语言来形容:艰难地打仗,痛苦地死去。突围的共有一万六千人,其他人下落不明。"

他的证据和我们的事实

索尔仁尼琴写道:"1943年春天,各地的人们都在兴高采烈地欢迎弗拉索夫。"对此,作者在《古拉格群岛》第三卷中有所描述,但我记得,他在第一卷中是这样说的:"被占领地区的居民们像蔑视德国的雇佣兵那样蔑视他们。"当时,列宁格勒州的普斯科夫有二十九个游击队在活动。而我们的行家(指索尔仁尼琴）确信，的确有农民热情地对待弗拉索夫的部队……那支军队没有抢劫，没有骚扰居民，而是帮助农民收割庄稼……许多志愿者报名参军。列宁格勒游击队政委伊萨耶夫上校和政治部主任沃斯克列先斯基大尉在 1943 年 6 月 12 日向西北战线司令部汇报游击队军事活动的报告中提到了这样一个事件："5 月 11 日，黎明时分，二团和旅总部遇上了德国驻军在波热列维茨地区的索斯诺沃村埋伏的军队。敌人包围了游击队，发生了战斗。二团和旅总部的部队进行了几个小时的顽强抵抗，终于冲破了敌人的包围圈，到达了敌人的后方。"1943 年 11 月，伊萨耶夫和沃斯克列先斯基向西北战线司令部报告了其部队的战斗情况："10 月 26 日夜晚，发动了突然袭击。二团在波热列维茨地区的基维洛沃驻扎，四团在斯拉夫科夫斯基地区的戈鲁什卡驻扎。这些驻军烧毁了村庄。"

当然，我们可以举出更多的例子。从这些例子中可以看出，波热列维茨地区与整个普斯科夫一样，枪声和爆炸声不断。这是反对侵略者及其帮凶的人民战争。

普斯科夫像布良斯克一样，有很多游击区。我们的报纸在这里发行，地方政府机构、学校和医院都设在这里。1943 年 3 月，普斯科夫和诺夫哥罗德的居民为被围困的列宁格勒人募集了大量食品。二百二十三辆载着食品的货车从这里出发，在热姆丘戈沃和卡缅卡村之间穿过前线，赶往列宁格勒。

1943 年 7 月 1 日，列宁格勒州委员会党委书记尼基金向联共中央报告了地下工作的情况。他写道："以叛徒弗拉索夫为首的'俄罗斯解放军'失败了。除了个别人以外，没有人愿意充当志愿者。经过强制动员，许多人投奔了游击队……因此，弗拉索夫下达命令，把战俘志愿者编入了自己的军队。据一个投诚者讲述，弗拉索夫的军官们来到集中营，宣布所有人被编入了'俄罗斯解放军'。他们请不愿意参加的人举手——举手者被当场枪毙。"

死猫的启示

究竟是什么使战争编年史的撰写者想起了斯摩棱斯克和普斯科夫呢？显然是弗拉索夫的传单和报纸。

弗拉索夫分子和其他俄裔德国走狗出版了几种报纸：《为了祖国》、《志愿者》、《人民的意志》……在普斯科夫出的《为了祖国》上刊登了对弗拉索夫的采访报告，详细讲述了事情的整个过程。报纸上刊登了弗拉索夫"对不可战胜的德军及其最高领袖阿道夫·希特勒说的感谢话，迎来了震耳欲聋的掌声"。难道这还不是"热情"吗？有个叫伊万·别申科的作为工人阶级的代表讲了话。他简直成了会议的焦点，"引起了普遍的赞赏"。

这里还有一份报告，是写给党卫军司令鲁道夫·叶格尔先生的：

> 根据您在司令部会议上的命令，为了迎接弗拉索夫将军来普斯科夫访问，我准备让商人出身的别申科·伊万·谢苗诺维奇作为工人代表发言。他曾因盗窃而被苏联法院判刑，自愿效忠德国。
>
> 别申科被打扮成了应有的模样：刮了脸，穿着体面的服装。《为了祖国》的编辑赫罗缅科先生为他写了讲话稿，别申科背了下来，准备讲话。
>
> 　　　　　　　　　　普斯科夫地区长官戈罗任斯基

还有一份我们感兴趣的文件，里面有普斯科夫地区长官戈罗任斯基在弗拉索夫来访前向鲁道夫·叶格尔司令进行汇报的内容。访问结束后，他往莫斯科给好友写信说：

亲爱的库尔特：

我们听说，步兵总部宣传处的人押送过来一些被俘的俄罗斯军官。前几天，弗拉索夫中将到了我们这里。为了迎接客人，实行了戒严，火车站上一个人也没有，除了城市管理局的几个傻子（幸好火车晚点了三个小时）。我的同事们接到我的命令之后，把居民们围了起来，往火车站上赶……有人在出口处往弗拉索夫脚下扔了只死猫。

请问，这些文件为什么会到了我们手中？战争期间也好，战争之后也好，它们都没有被丢掉。要知道，1944 年 6 月 23 日解放了普斯科夫。1945 年 5 月 2 日，我们的军队占领了柏林。

为什么不像丹麦人那样打仗？

我们的编年史撰写者解释说，我们胜利了，是因为我们不按规则打仗。他为自己的祖国感到羞愧：据说，在皇权国家，这种事会被处理得非常妥帖。他教训我们说："这种事情为什么没有出现在丹麦、挪威、比利时和法国？在那些地方，学校照常开课，铁路正常运营。"他十分气愤，为什么我们不像丹麦人那样打仗……

记得托尔斯泰在《战争与和平》中描写了竞争对手之间持长剑对决的场景。他们对打了很久，其中一个人受了伤。他明白这不是在开玩笑，会危及生命的，便扔掉了长剑，拿起身旁的粗木棍，开始搏斗……

托尔斯泰说，在 1812 年的战争中，也发生过这样的事情：法国人就像按规则角斗的击剑手，而俄罗斯人就像拿着粗木棍的那个人。法国人说,按规则,他们的军队要在别国的领土上有温暖的住宅;俄国人不能攻击他们的运输工具;必须停止游击队的活动;他们的皇帝在进入莫斯科时,一定要有代表团迎接……尽管法国人抱怨俄国人不履行规则……人民战争的大棒被举了起来,不管那愚蠢而简单的规则……向法国人狠狠地打去,直到侵略者被全部消灭。

不可以越界

不可以越界

1974年2月12日,经过从莫斯科到法兰克福的长途跋涉之后,索尔仁尼琴对自己来到德国感到有些意外,在那里逗留的时间不长。此后,他住在瑞士,又从那里去了加拿大。加拿大人感到这种客人在自己的土地上居住六个多月是一种负担,所以,1975年4月底,他到了美国的一个小城市卡文迪什,并且最终在美国东北地区最小的一个州——佛蒙特州定居。

在转移和搬迁的过程中,亚历山大·伊萨耶维奇仍旧保护自己的脸面,就是俗话说的那种"死要面子"。关于他在卡文迪什的情况,1977年8月的《华盛顿星报》和《最后一小时》上面有报道,其中的一篇文章是记者威廉·德拉尼写的,题目是《精心设计建造的监狱》;另外一篇文章没有署名,标题为《索尔仁尼琴的天堂》。

受托人提前在市郊为索尔仁尼琴购买了一栋房子,非常宽敞。房子周围的土地面积为五十英亩(二十公顷)。《华盛顿星报》介绍说,那里总共有三栋房屋,其中包括一间招待客人用的屋子和池塘边的一间不知道做什么用的小屋。据一家报纸报道,购买房子用了十万美元。幸运的购买者用来装修房屋的费用很高。各种报纸对此说法不一,有的说装修用了二十五万美元,有的说装修用了二十六万美元。可见,总共花费了三四十万美元。

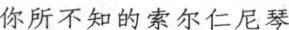
你所不知的索尔仁尼琴

据《最后一小时》上面统计的数据,该市市长昆汀·费兰的年薪才两万一千美元!可见,索尔仁尼琴购买住宅的费用相当于美国的市长十五年左右的薪水。

入住庄园之后,新主人首先做了什么?《最后一小时》上面是这样描述的:"索尔仁尼琴家有八个房间。庄园入口处安装了摄像头,对围栏周围三米以内过往的行人和车辆进行监视。太阳下山时,包括两个强力探照灯在内的报警系统按时工作。如果来了不速之客,那么所有地方马上就会响起警笛声。周围绝对安静,只有小溪流水的声音……"

要想和庄园的主人见面交谈,必须先与翻译兼秘书伊琳娜·阿尔贝蒂对话。报纸上是这样描述的:"什么?我能帮您什么忙?很遗憾。索尔仁尼琴先生不接待任何人,不接受任何采访。他说,分心五分钟,就会耽误一个星期……他有太多重要的事情要办……"

上面还写着:"我们的主人公在像监狱单人牢房似的办公室里夜以继日地工作着。他一般是沿着十二米的地下隧道进入自己僻静的办公室。"

庄园门口甚至没有邮箱(秘书直接到邮局去取邮件,这样更可靠些),但有固定的锁链和写着"严禁入内"的牌子。

不可以越界

头发是可怕的

索尔仁尼琴离开自己牢笼似的办公室,为的是在大会开始前作出解释。他说:"很抱歉,我是不得已才这样做的。"他谈了自己如何在瑞士被谋杀,以及为什么惧怕追捕自己的苏联间谍。

所有令人费解的问题都被忽略了。这些匿名信在哪里?使用的哪国语言?是从哪里寄出的?是随便签的名还是未署名?信上是否有邮局的邮戳?是否能像引用列夫·托尔斯泰类似的信一样,引用信中的内容?

他强调:"我感到恐惧,因为经常有人威胁我。"

原来,在莫斯科时,索尔仁尼琴就收到过恐吓信。他在信封上发现了头发。他认为可能是有人故意把头发粘上去的,为的是增加神秘色彩。

索尔仁尼琴在《牛犊顶橡树》中写道:"1972年冬天,有人以多种方式警告我,并且企图制造交通事故暗杀我。"多种方式!这可不是在开玩笑。也许,他们是这样计划的:丝毫没有防备的作家坐在"莫斯科人"牌汽车中构思长篇小说的情节。突然,一辆沉重的苏联"马斯"牌轿车从拐弯处直接驶向他……伟大的作家死掉了,"上帝之剑"被折断了,宏伟的计划成了泡影。但是,正如我们所见,这个阴险的计划没有得以实施。为什么?不清楚。

有个谁也叫不出名字的妇女想见他。她带着自己的儿子——一个精神不正常的十九岁男孩儿。在去卡文迪什的路上,小伙子两次被捕:第一次是去学校偷东西,并称教务主任的助手是共产党的间谍;第二次是未经允许爬进了别人的汽车(见《华盛顿星报》)。我们可以设想:庄园的主人没有拒绝来访者,他找到了话题。而事实上，作家识破了苏联间谍阴险的招数——妇女和精神不正常的男孩儿都是假扮的……

作家说："我选择这个地方，是因为我不喜欢繁华的大城市，我喜欢简单的生活。"当然，对于简单的生活方式，每个人都有自己的理解……

额尔齐斯河上的"救世主现象"

额尔齐斯河上的"救世主现象"

1994年5月,亚历山大·索尔仁尼琴乘叶利钦提供的豪华汽车,从符拉迪沃斯托克到莫斯科进行了一次旅行。在与城市居民会面时,他听到了充满痛苦和愤怒的话语——他们对现状十分不满。医生格·瓦·库德里亚夫采夫的发言是针对贫困、精神空虚、人与人之间关系冷漠的。工程师雷奇科夫以自己的企业为例,勾画出"贫富分化严重、滋生敌对情绪"的可怕场景,令人吃惊。他们说得很对,我们正在向"金钱的奴隶"转变。

一位发言者特别希望索尔仁尼琴以诺贝尔奖获得者的身份"以某种方式对已经无法控制的局面加以控制"。三年前,关于这些进步人士,如,阿纳托利·索布恰克和加夫里尔·波波夫,我写了不友好的文章。在回应我的文章中,年老体弱的老战士韦尔申斯基给我写信说:"在我们鄂木斯克,他们给老战士以极大的关注……我相信索布恰克和波波夫会关注这个问题。"哦,亲爱的瓦西里·米哈伊洛维奇,难道您对此还抱有幻想?众所周知,波波夫逃避了法律责任,而列宁格勒的老战士们生活得怎么样,只能去问他们自己……谁会在乎奖金、称号和奖章?只要你采取行动,去扇专横小人的嘴巴,人们就会相信你。

亚历山大·伊萨耶维奇在无情地进行批评时，不仅善于绕过危险人物，而且善于避开危险问题。在符拉迪沃斯托克时，有人直接问他关于千岛群岛的问题，他回答说："我们应该抓住首要问题。目前，有两千五百万俄罗斯人生活在境外。这个问题一旦得到解决，千岛群岛问题就自然解决了。"

在被流放时，他病了，是癌症。于是，他便从流放地到塔什干去进行治疗。在那里，他很快就痊愈了。

在鄂木斯克，满腔热情的鄂木斯克人对他表示欢迎："你是真正俄罗斯民族文化的代表……不靠谎言生活的人……"您是否记得乔治克·尼瓦？他在鄂木斯克有多少亲兄弟？

有人激动地大声说："没有上帝，没有皇帝，只有人民的保护者亚历山大·伊萨耶维奇·索尔仁尼琴！"整整一个月，索尔仁尼琴从符拉迪沃斯托克到鄂木斯克，留下了一串串足迹。他与居民进行了对话："如果一个人在国外的庄园里学习了二十年，如今将在莫斯科郊外的别墅里学习，你会怎么看他呢？"结果是众说纷纭，看法不一。一些人很友好，非常高兴，而另一些人则非常愤慨，甚至带着仇恨。为什么没有人提醒"俄罗斯人民的精神牧师"，让他为俄罗斯人祈祷？

毫无疑问，在原始的额尔齐斯河岸边居住的崇拜者没有超过居住在文明的泰晤士河岸边的崇拜者贝尔纳德·莱温。那个人很久以前就说过："当你看着索尔仁尼琴的时候，你就会理解什么是俄罗斯！"在鄂木斯克的会见中，索尔仁尼琴毫不犹豫地说："我忘我地战斗过！"

工程师雷奇科夫问他："您有没有这种感觉：您来俄罗斯的目的就是创作《古拉格群岛》？"索尔仁尼琴说："我在1974年就说过，苏联总有一天会解体。苏联难以维持，因为它的基础很不牢固。我只是预测它会解体……"

电视台记者阿·柳比莫夫和叶·基谢廖夫直接问他："您是

如何看待当前的领导人——这些改革者的?"他回答说:"他们这些人我谁也没见过,甚至在电视上都没见过。"托尔斯泰也没有在电视上见过斯托雷平,只是在信中对他有了很清晰的认识:"我正在给您写信,关于一个非常可怜的人,我在俄罗斯认识的所有人中最可怜的一个……这个人就是您……我不能理解那些抢夺您的财产、破坏您的名声的可怕行为。有人无时无刻不想杀害您……"

索尔仁尼琴在美国电视台亲眼见过叶利钦,还在电话中和他交谈过几次。当有人问他如何看待"全民性"时,他巧妙地避免了直接回答:"复杂,很复杂!"不在俄罗斯的二十年时间里,索尔仁尼琴始终关注着国内发生的所有事件。在美国的佛蒙特州,他的肉体在创作中变得衰老,但永远年轻的心灵却没有停止在祖国的辽阔土地上"飘荡"。

发言的第二部分,亚历山大·伊萨耶维奇讲的是自己。在这里,我们听到了许多令人惊叹的话语:"不要叫我祈祷。没有必要!再也无法回到过去……"

他的话使不少人感到惊讶。他还说:"当我在苏联生活时,苏联媒体不敢碰我。"西蒙诺夫说:"索尔仁尼琴的行为带有公开反共、反苏的性质。"托夫斯诺戈夫说:"索尔仁尼琴撰写的反苏的《古拉格群岛》在西方引起了震动,妨碍了世界的健康发展……这本书帮了冷战拥护者的忙。"格里戈里·阿巴希泽说:"索尔仁尼琴早就走上了背叛的道路。"彼得鲁斯·布罗夫科说:"他从来不喜欢我们。他是敌人,是叛徒。"科学院院士、苏联劳动英雄鲍威尔·亚历山德鲁和安德烈·科尔莫戈罗夫说:"索尔仁尼琴为我们的社会制度抹了黑……"瓦连金·卡塔耶夫说:"索尔仁尼琴以'第五纵队'的形式参加了与苏联政权的斗争。"别尔德·克尔巴耶夫说:"好在他现在被驱逐出境了。"这些声音难道没有对亚历山大·伊萨耶维奇产生影响吗？

不幸的是，他们当中有些人已经死了。但是，感谢上帝，还有人健在。苏联人民艺术家阿兹古尔说："对仇视苏联政府的人，我只有一种表情——蔑视。"在原始的额尔齐斯河岸边的索尔仁尼琴叫嚷道："不！没有发生类似的事！所有人听到我的名字时都会吓得发抖！"

当然，今天还健在的人们不见得会重复他们说过的那些关于索尔仁尼琴的话。

演讲者继续发言，说时代变了，谁也不会再说这件事。但像蛇一样的布申在继续说假话。他过去攻击过《玛特廖娜小屋》，刊登在莫斯科的报纸上。他没有把它拿到《鄂木斯克真理报》上发表……

于是，我无意中成了美好会见的参加者。在这里是不可能保持沉默的——在提到我的名字时，要求爆发掌声。

在沃罗涅日的《振兴》杂志（1963 年第五期）上刊登了我写的关于索尔仁尼琴作品的文章。"尽管生活艰辛，马特廖娜仍然没有放弃灵魂中的许多美好的东西。她善良、和蔼可亲、软弱、勤劳，不知道什么是贪婪、算计和嫉妒……"我是这样写的，"马特廖娜的形象不是由作者设计的……这是真实的、取材于生活的形象。我并不同情马特廖娜，不喜欢她身上的许多东西。"

为了证实这些情况，需要回顾一下索尔仁尼琴于 1964 年 1 月 2 日给我写的信，这封信是当时他对我写的文章的回应："最值得尊敬的弗拉基米尔·谢尔盖耶维奇！……称赞你这个恶棍评论家时，听起来有点儿像克雷洛夫的寓言。应该说，你的这篇文章是非常严肃和深刻的，只有这样的文学评论才有意义。只可惜出版的册数少，读的人也少……"

也许，索尔仁尼琴后来很想重新写这封信，把它写成这样：

额尔齐斯河上的"救世主现象"

"最有毒的毒蛇——布申!"

顺便说一下,寓言家克雷洛夫有一则寓言,说的是:蛇咬伤了诽谤者之后,马上就死掉了。

他曾被称为"文学界的弗拉索夫",这似乎是不公平的。去掉"蒙难者"的光环,他站在敌人一边反对俄罗斯。但是,他没有被判刑,没有受任何处罚,甚至得到了土地。一个参会者用乐观、押韵和谩骂表达了强烈的感情:

根据他们的罪孽,
到了他们自缢的时候……
相信他们是世上的精华。
要走出阴影,不用考虑绞索。
然而,没有准备忏悔,
他们看着周围的奢华,
为了重复福音的故事,
在建造十字架。

亚历山大·伊萨耶维奇比"改革的畸形儿"贝拉·库尔科娃在电视屏幕上出现的次数还多:

他像救世主一样,无所畏惧地走来,
为了神圣而凄凉的日子。
恭恭敬敬地向他鞠躬,俄罗斯,
公正地评价他的作品。

纯粹的索尔仁尼琴式的写作狂!实在搞不清楚,他们说的是哪一部作品——是《古拉格群岛》还是《红轮》?很遗憾,我不知道鄂木斯克作家妻子的名字。莫非是最普通的名字:玛丽娅·

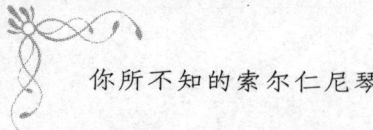
你所不知的索尔仁尼琴

伊万诺夫娜？我只好用下面的诗歌来形容：

> 他走来，不畏惧自己的敌人。
> 你别害怕，夫人，在这些日子里。
> 恭恭敬敬地向他鞠躬，玛露霞，
> 但要拿起军刀，挥向他的作品。

青出于蓝而胜于蓝

青出于蓝而胜于蓝

12月3日，在接受《苏维埃俄罗斯报》记者的采访时，瓦季姆·科日诺夫说："索尔仁尼琴是二十世纪最伟大的人物，是我国最伟大的人物之一……"

涅姆佐夫甚至非常后悔，在最后一次杜马选举期间，他的同伙没有把他藏在柜子里。邦达连科①副主编多次把我攻击索尔仁尼琴的文字坚决地删掉。而《文学报》呢？不仅出版他的作品，而且为了赞扬他而开辟了系列专栏《索尔仁尼琴年》。许多反苏的思想家，从大家熟悉的科学院院士德米特里·利哈乔夫到鲜为人知的涅姆泽尔，还有弗拉基米尔·马克西姆，都在这些版面上发表了自己的评论：真正完美的索尔仁尼琴的《玛特廖娜小屋》和《古拉格群岛》堪与最严谨的文学作品《8月14日》相媲美，但《癌症楼》和《列宁在苏黎世》没有闪光点和曲折的情节。至于《红轮》，它是又一次失败，而且这种失败是毁灭性的。英雄——惯用的概念，爱情戏——甚至能让女神怀孕！古老的语言中掺杂着笑话，这样的大杂烩会使最"杂食"的读者消化不良。

---

① 弗拉基米尔·格里戈里耶维奇·邦达连科，1946年出生于彼得罗扎沃茨克，文学评论家、政论家，《文学日报》主编。——译者注

你所不知的索尔仁尼琴

关于这些作品的艺术成就，科日诺夫是这样说的："这是一件复杂的事情，要靠我们的子孙后代去解决。"为什么？见鬼了吗？让我们回想一下普希金。当他只有十五岁时，当时的著名作家只读了他的一首诗，便大声惊呼："他将会取代杰尔扎温①！"诗人二十岁时，另外一位著名作家赠给他一幅肖像画，并且称赞他"青出于蓝而胜于蓝"。

从这个意义上说，俄罗斯的文学天才比我们的科技天才要幸运得多。举一个门捷列夫的例子就足以说明问题了，因为他冒失地指出："根本不了解俄罗斯国情的外国人在科学院的所作所为，是俄罗斯科学界的灾难。"

著名评论家科日诺夫是这样评论索尔仁尼琴的："他不仅是作家，而且是政论家、历史学家和社会学家。"事实就是这样！我认为，回忆一下叶夫图申科是必要的。他不仅是诗人，而且是小说家、编剧、演员、翻译、导演、摄影师、人民代表，也许还是情报人员⋯⋯

索尔仁尼琴直言不讳地说："上帝给了我力量！"他实现了所有的愿望，得到了一切：从诺贝尔奖到别墅。

科热米亚科提醒道："在公众的心目中，索尔仁尼琴和萨哈罗夫是反苏的代表。"对此，科日诺夫没有异议。他们进行争论，就像丈夫和爱妻在被子里争吵。

首先，萨哈罗夫是贝利亚最亲密的合作者。其次，萨哈罗夫当过三次英雄，当然，索尔仁尼琴也是诺贝尔奖得主。第三，萨哈罗夫为使祖国免受美国的侵略，参与了氢弹的制造，而索尔仁尼琴在与他相同的年龄创作了《古拉格群岛》。后来，他们在反苏的道路上分道扬镳了。

"上帝之剑"颂扬肖洛霍夫，给他寄去热情洋溢的信，却在

---

① 加夫里拉·杰尔扎温（1743—1816），俄罗斯著名诗人。——译者注

《牛犊顶橡树》中攻击他，指责他剽窃。他完全失去了自制力：躁狂、健忘。索尔仁尼琴把所有内容都做了摘要、拷贝、记录，并注明了日期。

科日诺夫再次强调："他的转变如此之大……仿佛忘记了过去发生的事情。"不管你信不信，科热米亚科这样回答："唉，人总是有弱点的！"

科日诺夫还说过："索尔仁尼琴是一个有激情的人。"

当然，科日诺夫也说过："我对亚历山大·伊萨耶维奇有许多不满。"索尔仁尼琴在《古拉格群岛》中这样写道："1941年年底，在德国人的统治下，人口从1.5亿降到了6000万。"实际上，当时我们的人口数量不是1.5亿，而是1.95亿。

邦达连科代替了叶夫图申科[①]

有时候，仅仅通过一个手势、一句话，甚至一些微妙的变化就可以了解一个人。

文章中的一些"苏联语言"和"苏联理念"，如：区委书记、州委书记、中央委员会委员、肃反委员会委员、集体化等，只是在不友好的甚至是指责的语境下才会被使用。评论家还呼吁，这些书记的后裔要向"俄国马克思主义的创始人"忏悔。为了长老格里戈里，为了季诺维也夫，为了著名的格里戈里·莫伊谢耶维奇，为了弗拉索夫……这只是快乐生活的开始。

这还不是全部……与许多俄罗斯作家相反，从诺维科夫、拉

---

① 苏联著名诗人。至今已出版近四十本诗集，此外还著有长篇小说、电影剧本和评论文集等。1985年访华，受到了中国读者的欢迎。——编者注

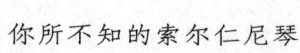

吉舍夫、普希金到契诃夫、柯罗连科和布宁,对邦达连科来说,贫苦农民就是卑鄙的"滚滚而来的穷人"。

> 在有里程碑的路上,
> 七个农夫相遇了。
> 在捷尔皮格列夫的省、县,以及无人居住的州,
> 七个承担义务的衣着整齐、神态端庄的农夫,
> 来自毗邻的村庄:
> 扎波拉托夫、德里亚温、拉祖托夫、兹诺比申、戈列洛夫、涅洛夫……

邦达连科鄙视来自这些村庄的农夫。但十月革命前,这种"穷人"遍布了农村的各个角落。

评论家十分愤慨地提到,这个"穷人"有一次"安排了火灾"。火灾在哪里发生?首先发生在雅库特的患病儿童寄宿学校,然后发生在达吉斯坦,造成五十名儿童死亡。不久前,在帕特里斯·卢蒙巴大学的学生宿舍里,三十八名学生被火灾夺去了生命。为此,普希金在《乡村》这首诗中写道:

> 羸弱的奴隶躬身于别人的犁头,
> 艰难地在那一条条的垄沟中前行,
> 屈从于无情的主人的皮鞭。
> 这里人人都拖着沉重的枷锁,
> 心中没有一丝的希望和欲念。
> 少女美丽如花朵,
> 却被那冷酷的恶棍任意摧残。

革命以后,亚历山大·勃洛克马上进行了这种宣传:"为什么在庄园里,善良的心会被玷污?在那里,为什么女孩儿会被老

爷强奸和鞭打？……"

当时，"贫民"是普遍存在的。当邦达连科在电视上看到"贫民"在摧毁贵族的豪宅和富豪的超市时，肯定会被气得咬牙切齿的。

顺便说一句，在《古拉格群岛》中，索尔仁尼琴引用了普希金的《乡村》中的诗句，主要描述的是自然的美，比如：被风吹落的树叶、寂静的田野……诗人对这一切充满了爱。

还有一件事情，我想在这里提一下。索尔仁尼琴的祖父是一个大地主，拥有一辆汽车。当时，在整个俄罗斯都没有多少辆汽车。他的父亲是一名军官，在卫国战争中牺牲了。因此，孙子对"滚滚而来的贫民"的感情是可以理解的：

被人称作"奴才"的人，
有时是真正的狗……

邦达连科的渴求是永无止境的，他随时随地都有可能热情洋溢地发表讲话，就像当年的叶夫图申科一样。叶夫图申科是这样写的：

我的名字是"俄罗斯"，
而"叶夫图申科"只是笔名。

邦达连科说："我越来越坚信，亚历山大·索尔仁尼琴的著作为我们展示了纯粹的'俄罗斯现象'。"作为一个评论家，为了在文章中证明这一点，他重复了五十多次"俄罗斯"这个词。在这里我们应该指出，邦达连科走得比叶夫图申科更远。他坦白地说："我的职业生涯并不成功。"

库布拉诺夫斯基的"美国水平"和拉佐夫的"俄罗斯水平"

格鲁吉亚人民诗人格里戈里·阿巴希泽义愤填膺地说:"他说俄罗斯人为了一份面包便会出卖父母,这是在诬蔑他们。"值得注意的是,1974年1月23日,他在《文学报》上发表的文章中并没有出现这样的句子。

彼得·普罗斯库林谴责了《古拉格群岛》:"实际上,索尔仁尼琴憎恨俄罗斯人。那个不止一次地在欧洲国家举起解放之剑的士兵⋯没有保护俄罗斯人民的愿望,病态地仇视我们的人民。"

剧作家维克多·罗佐夫曾经坦言:"我非常喜欢他早期的东西⋯⋯但是,当我读到'我们怎样才能改变俄罗斯'时,被惊呆了⋯⋯"早些时候,我们在尤里·邦达列夫的文章里读到过这些:"我不能无视这些!索尔仁尼琴在《古拉格群岛》中对俄罗斯人民的某些概括⋯⋯他怀疑每一个俄罗斯人都因循守旧、缺乏诚信,追求安逸的生活⋯⋯"①

我们到底应该相信谁?这个经验丰富的大作家,还是无时无刻不在批评别人的叶夫图申科?

早在1986年,尤里·库布拉诺夫斯基就在《文学通讯》(美国)中声称,作家们对索尔仁尼琴的类似意见,只是"缺乏理智,不理解我们这个时代的伟大作家"。而邦达连科也有完全不理解索尔仁尼琴的时候,称索尔仁尼琴为"傲慢的老男人"。

在《当代人》、《莫斯科》、《青年近卫军》等杂志上刊登的

---

① 见《为自己铺路》,1998年。

以《俄罗斯人与犹太人的关系》为题的文章中，作家没有提出任何意见。邦达连科说，其他作家和杂志社编辑的沉默，完全是因为"不希望第一个亮相"。评论家竭尽全力地谈论自己最喜爱的人——在如此恶劣的环境下过着平民生活的名人。是的，索尔仁尼琴书卷气很浓。他是在母亲的宠爱中长大的，不谙世事。不过，我们常常可以遇到"贴近人民"的名人。他们是人民的孩子，始终与人民在一起。而索尔仁尼琴呢？他因为仇恨而连累了自己中学时代的朋友和亲爱的妻子。

索尔仁尼琴在战场上

邦达连科气愤地说："亚历山大·伊萨耶维奇的胸前不是挂着两枚战斗勋章吗？他本人可以证实这件事。他在不朽的《古拉格群岛》中写道：'在战场上，一个安静的男孩儿被说成了英雄。'无与伦比的红星勋章和卫国战争二级勋章颁发给了谁？不会是那些在举行葬礼的队伍中服务的人……这是对红军和伟大的卫国战争的诽谤。"

某个人因为自己的妻子要来，就为她伪造了证件，把她安排在有双人床的温暖的窑洞里。除非他与领导关系密切，否则他不可能做到这些。马克·杰伊奇是个智力超群、学识渊博的人，他写道："索尔仁尼琴在战争期间获得了奖章。不过，那是发给所有人的，无一例外。"

作为现役军官，索尔仁尼琴明明知道盖了邮戳的信必须通过军事书刊检查，却在给亲朋好友的信中诽谤最高统帅，这是为什么？在战争期间，哪种军队的统帅能够容忍这种对敌有利的行为？尤里·穆欣引用英国历史学家的话说："在战争期间，有一名女子称希特勒是'比部长更出色的统治者'，结果被判了五年刑。"一名女子尚且遭遇了这些，何况是军官呢。

评论家说："在漫长的刑期里，他干的是瓦工、铸工。"是什么原因促使他在这种体制下铤而走险呢？邦达连科像他所有的同伴一样，不仅没有读过西蒙诺夫的作品，而且没有读过索尔仁尼琴的作品。

亚历山大·伊萨耶维奇认为自己是战地英雄，斜挎着步枪，高喊："为了祖国！为了斯大林！"1975年6月30日，在美国工会的大型集会上发言时，他狂热地叫喊着："兄弟们！劳动者们！我干了许多年的瓦工、铸工和勤杂工……"美国人聚精会神地听完讲话之后，开始鼓掌，甚至流下了眼泪。

但是，突然有一天，他被发配到了埃克巴斯图兹监狱——陀思妥耶夫斯基曾经在那里服刑。他在这个专门的监狱里度过了剩下的刑期。他写道："最初，我很想脱离这些劳动，但是我不能。"一名囚犯在日记中写道："我把队长的位置让给了索尔仁尼琴。"关于索尔仁尼琴的职业，列舍托夫斯卡娅写道："萨尼亚胜任了队长的职务，他身体健康、精神饱满。"

他一直干到了1952年1月。当时，他生病住院，做了大手术。

天才和特工

邦达连科不知道该怎么在布满了地雷的田野上行走，因为每走一步都有可能引起致命的爆炸。

他立即铺上秸秆，希望能从上面走过去。"亚历山大·伊萨耶维奇为了保命而说了一些多余的话，像分析陀思妥耶夫斯基或托尔斯泰那样分析未来的历史学家。"

邦达连科和科日诺夫一样，指望子孙后代去判断这一切。索尔仁尼琴在《古拉格群岛》中肯定地说："1941年，我们以每天一百二十公里的速度进行了可耻的撤退。"可是，就连希特勒本人都承认，德国军队前进的速度从来没有超过每天五十公里。从战争的第一天开始，莫洛托夫便宣布："敌人将被消灭，胜利将属于我们！"这个口号从未改变。

陀思妥耶夫斯基和屠格涅夫完全没有关系。他们没有污蔑自己的祖国。索尔仁尼琴和肖洛霍夫关系密切。命运将他们分开了，很可惜！但这种关系十分常见，正如托尔斯泰与屠格涅夫、陀思妥耶夫斯基与果戈理、马雅可夫斯基与叶赛宁的关系。俄罗斯接纳了所有人……哦，我的上帝！是的，他们之间有分歧、摩擦，他们之间甚至充满了敌意。屠格涅夫和托尔斯泰曾因生活琐事而吵架，但是作为艺术家，他们相互之间评价很高。得知《战争与和平》的作者打算放弃文学创作之后，很久没有与他联系的、已经患病的屠格涅夫给他写了一封信，请求他继续创作。1880年6月8日，陀思妥耶夫斯基在为普希金举行的庆祝活动中发表了著名讲话，并和所有人一样，流下了喜悦的泪水。叶赛宁和马雅可夫斯基在文学风格上有很大差异，但是前者写道：

俄罗斯拥有令人振奋的诗歌，
是因为有了马雅可夫斯基！

这是赞赏。当叶赛宁去世时，马雅可夫斯基由于痛苦而说不出话来。

索尔仁尼琴的观点是这样的："洗掉污渍总是比唾弃难，应当善于在需要的时刻迅速地第一个唾弃。"他首先给肖洛霍夫写信：

尊敬的米哈伊尔·亚历山大洛维奇：
1962年12月17日的会见对我来说是非同寻常的。遗憾的是，在你的面前，我被介绍给了尼基塔·谢尔盖

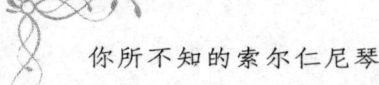
你所不知的索尔仁尼琴

耶维奇，这妨碍了我高度评价您那不朽的作品《静静的顿河》。衷心地祝您身体健康！

您的索尔仁尼琴

请注意，"您的"代表的是"崇高的"和"不变的"。

但后来，《牛犊顶橡树》出版之后，关于那一次见面，他是这样写的：

赫鲁晓夫从肖洛霍夫的身边绕了过去。但是，我不得不直接走向他，没有其他的办法。我走上前去与他握手……

"老乡？"他不知所措地笑了笑，表示疑惑。

"顿河的哥萨克人！"我冷淡地回答道。

……

哦，我的上帝！他认为肖洛霍夫的位置不应该是领奖台后面，而应该是写字台后面。

谁来保护无辜的索尔仁尼琴？克格勃还是作家联盟？奥西波夫原谅了索尔仁尼琴，他说："我认为，他只是不了解肖洛霍夫的生平。"这个理由是站不住脚的，即使通过邦达连科的生平也能知道……

如果是这样，那么奥西波夫的书不应该叫《肖洛霍夫的秘密生平》（当然，作家没有任何秘密），而应该叫《我的秘密生活》。事实上，他能够在全国最大的出版社任社长，并且自己写书，这已经是一个谜了……

在索尔仁尼琴逝世一周年纪念日那天，邦达连科和奥索金一起出现在电视直播节目中。他们概括了索尔仁尼琴的主要思想，称其为"超级的、过于极端的俄罗斯现象"。亚历山大·普罗汉诺夫认为,《明天》杂志上缺少好的文章,于是说:"亚历山大·索尔仁尼琴就像亚历山德里斯基的灯塔那样高高地、威严地站立!"

称索尔仁尼琴为"灯塔"是正确的和公平的。亚历山德里斯基灯塔对于水手来说,是可以救命的。

不是标签,而是诊断

顺便说一下,卡里亚金在代表大会上提出了议案,首先提出要恢复索尔仁尼琴的国籍。事实上,在《书评》杂志上发表了叶莲娜·丘可夫斯卡娅的文章,并且在1988年开展了"还给我们索尔仁尼琴"的活动。社会主义劳动英雄维克多·阿斯塔菲耶夫、列宁奖章获得者伊·沙法列维奇、历史学家艾德尔、东正教的大祭司梅尼、评论家奥斯科茨基、历史学博士埃廷格尔、作家拉扎列夫、克里姆林宫妇女专家拉里萨·瓦西里耶娃和其他许多同胞在会上发了言。我不去引用已成为遥远的回忆的那些热情的或愤怒的读者寄来的信件的内容,因为关于他们,邦达连科在最新的文章中进行了描述。

实际上,出版社还让几个反对者发了言。来自斯维尔德洛夫斯克的社会保障工作者阿尔扎尼科夫问活动的组织者:"你为什么要把一个具有文学天赋的叛徒看成真正的艺术家呢?"来自罗斯托夫州的普通集体农庄庄员扎洛托夫建议道:"应该阻止他攻击俄罗斯……他得到了诺贝尔奖,是因为他向自己的祖国吐痰。"来自布良斯克州克林齐镇的老战士克留科夫补充道:"出版索尔仁尼琴的作品并且恢复他的国籍,是对在战争中为祖国牺牲的战士的一种侮辱和亵渎。"如我们所见,这些普通人的看法与卡里亚金上面所提到的著名作家的观点大不一样。

二十年前，亚历山大·伊萨耶维奇在美国自己的庄园里创作了《红轮》。到现在，三十五年过去了，在莫斯科郊外的豪华别墅里，他保持着旺盛的精力，创作了几部作品，包括不朽之作《在一起二百年》。

1968年1月31日，在莫斯科法捷耶夫文艺工作者之家举办了文艺晚会。他在晚会上说："我应该对大作家亚历山大·伊萨耶维奇说，让那些吹捧他的人不要着急！"是谁授权他这么说的？《真理报》的主编吗？

再看看不久前离开人世的人都写了些什么："对像萨哈罗夫和索尔仁尼琴这样污蔑我们国家的政治制度和社会制度的人，我们只能蔑视和谴责。"

加姆扎托夫这样说："索尔仁尼琴的激动来自根深蒂固的愤怒和仇恨。他带着对我们的社会制度的敌视进入了文坛。"

乌克兰人奥列西·冈察尔说："索尔仁尼琴为了证明弗拉索夫无罪而诽谤卫国战争的英雄，难道这不是玩世不恭吗？"

弗拉基米尔·马克西莫夫回忆在"文学之家"为索尔仁尼琴举行的庆祝活动时说："我感到惊讶：布尔布利斯、亚历山大·雅科夫列夫、格里戈里·波梅兰采夫、瓦连京·奥斯科茨基、弗拉基米尔·卢金、亚历山大·明金都在歌颂索尔仁尼琴……马克思主义思想家尤里·卡里亚金马上开始攻击我……我感到害怕……所有纪念活动都令人生厌……我们不能原谅索尔仁尼琴，并期待他的道歉……"①

谢尔盖·米哈尔科夫说："索尔仁尼琴——一个充满了愤怒和仇恨的人，一个傲慢的人。"

弗拉基米尔·卡尔波夫说："是的，在战争时期有过叛徒，心灵的脆弱促使他们干了肮脏的事。但是，在和平时期也有叛徒——萨哈罗夫和索尔仁尼琴，从背后向同胞开枪。"

---

① 见《明天》杂志，第二十一期，1994年。

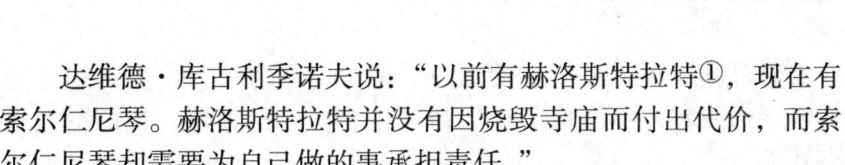

青出于蓝而胜于蓝

达维德·库古利季诺夫说:"以前有赫洛斯特拉特①,现在有索尔仁尼琴。赫洛斯特拉特并没有因烧毁寺庙而付出代价,而索尔仁尼琴却需要为自己做的事承担责任。"

这些话都引自 1998 年出版的《为自己铺路》这本书。在这本书里,并没有评价肖洛霍夫的作品和索尔仁尼琴的作品。

尤里·卡里亚金挺身而出

作家非常迅速地用下面的方式征服了评论家:"他开始忏悔,并且这种忏悔是非常令人信服的。"是的,索尔仁尼琴总喜欢大声喊叫:"在生死关头,我可以成为贝利亚的左膀右臂!"

在对其偶像的宣传中,卡里亚金超过了爱德华、阿尔弗雷德和沃尔德马尔,明确声明:"没有《古拉格群岛》,就不可能进入我们的世界。即使进入了我们的世界,也是不道德的。""进入世界"是什么意思?说的是新生儿吗?还是新婚夫妇?在纳粹德国,新婚夫妇必须马上购买《我的奋斗》。显然,卡里亚金认为,无论是新生儿的家长,还是新娘和新郎,都有必要在我们这里买《古拉格群岛》。与索尔仁尼琴并肩战斗的科佩列夫称这本书为"怪书"。我曾经读过它,担心会有许多读过它的人因身心疲惫而死亡。但是,有什么办法呢?

同时,卡里亚金说,他认识一个美国男孩儿,读完《古拉格群岛》之后非但没有死,而且十分钦佩它的作者,并画了他的肖像。一个美国上校买了这幅肖像,把它赠送了给一个索尔仁尼琴的崇拜者。崇拜者到了华盛顿,把肖像交给了一个叫卢金的人。

---

① 古希腊有这样一个传说:一个名叫赫洛斯特拉特的牧人,为了要出名,竟放火烧毁了古迹。

卢金把肖像挂在了大使馆的门口。但是，因为疏忽，更确切地说是根据叛徒谢瓦尔德纳泽（他当时是大使）的意思，肖像很快就不见了……

总是在前面

索尔仁尼琴在美国时，久加诺夫同志向我们保证，他不是什么"反苏者"，也不是"仇共者"，而是伟大的爱国者。有理由怀疑，共产党领袖本人没有读过索尔仁尼琴的作品。久加诺夫有一段时间曾经是《明天》杂志的编委会成员，参加了不少活动。邦达连科有时为其撰写文章——颇具影响力的宣传马克思主义的文章。有一次，读完这样的文章，我对普罗汉诺夫说："邦达连科认为久加诺夫的文章不重要。"他回答说："可久加诺夫喜欢。"

回想一下，1994年夏天，索尔仁尼琴刚从美国来到符拉迪沃斯托克时，都做了些什么？他给共产党员斯韦特兰娜·克里亚切娃打了个电话，邀请她到酒店谈话。她放下所有的工作和家务活儿，飞速赶到了指定地点。后来，关于这次难忘的会见，她撰写了一篇吹捧性质的文章。当时，中央委员会主席团的秘书应该严厉地找这位女党员谈话："你为什么一接到敌对分子的电话，就飞快地奔过去，后来还在报纸上写了诽谤文章？"但是，没有一个人找她谈话。久加诺夫同志本人只是站在敌对的立场上看待伟大的爱国主义者，仅此而已！……为了戈里亚切夫，她拒绝执行中央委员会要求她和其他共产党人辞去国家杜马委员会负责人职务的荒谬决定。苏沃洛夫反复说："每个士兵都必须理解这种演习。"而这种"演习"让人无法理解：为什么要自愿放弃这来之不易的岗位？中央委员会的成员坚定地回答："为了章程！少数服从多数！"他们到现在为止都没有意识到，有比章程更重要的东西——真正的生活和真实的情况！即使是在军队里，在前线，也可以不接受这样的决定，因为它会给党带来直接损失。

思想的巨人在组织集会中成功地靠近了莫斯科，就像拿破仑从厄尔巴岛逃脱，逼近巴黎。1994年7月21日，《真理报》引用了政治家奥利尚斯基的话："索尔仁尼琴起着国父、俄罗斯教皇的作用。"可以想象，在伟大的作家所到之处，会有人说："我们希望亚历山大·索尔仁尼琴成为总统！我们相信他，对他寄予厚望……"索尔仁尼琴到达了首都，卢日科夫亲吻了他，而《真理报》只是在头版温柔地低语："您好，亚历山大·伊萨耶维奇……"

1994年7月6日，国家杜马代表、电影导演斯坦尼斯拉夫·戈沃鲁欣建议索尔仁尼琴结束旅行之后到国家杜马会议上发表演讲，结果这个建议未被采纳。伊·布拉季谢夫教授坚决要求实行记名投票。于是，那些想投反对票的人只能胆怯地去投赞成票，结果这个建议被采纳了。简直不可思议！

肖洛霍夫在有关索尔仁尼琴的信中这样写道："读了索尔仁尼琴的《胜利者的盛宴》和《第一圈》之后……关于内容，我没什么可说的。如果所有的指挥官，包括俄罗斯人和乌克兰人，都是些坏蛋，是不值得信任的人，那么在这种情况下，索尔仁尼琴所在的连队是如何到达柯尼斯堡的呢？"

弗拉索夫难道不是祖国的叛徒吗？数千人被杀害，我们受尽了折磨，他反而成了"俄罗斯人民愿望的表达者"。有一段时间，我感觉索尔仁尼琴似乎在精神上出了些问题。1937年以后，他的大脑似乎失去了控制，这样会误导广大读者，特别是青年读者，难怪他被开除出了作协。

肖洛霍夫写完信之后，索尔仁尼琴被作协开除了。但是，到了叶利钦时期却完全原谅了他，授予他国家奖，并且劝说他回到俄罗斯。爱好自由的作协领导高度评价了肖洛霍夫，并设立奖项纪念他。他们放弃了对索尔仁尼琴的所有指责，恳求他回到作协的怀抱。

1994年10月8日，《真理报》上发表了热情洋溢的社论《在杜马中讲真话的亚历山大·伊萨耶维奇》。文章是这样结尾的："毋庸置疑，您对俄罗斯的劳动人民说的是真话。"

索尔仁尼琴留着陀思妥耶夫斯基那样的胡子，穿着克伦斯基式的军队制服，足球队员般灵活地跑上了大国最高讲台。他时而看看讲稿，控制住悲痛和愤怒的情绪，闭上双眼，用手掌拍打自己的额头……

演讲者非常诚挚地讲述了自己对祖国的贡献。"四年前，我曾经说过……多次谈到过这个问题……为了全民族文化的繁荣……"演讲者第一次闭上双眼，拍了拍自己的额头，"我在远方看到了这些，简直心痛欲裂！"

他接着说道："我去了……我遇见了……发生了冲突……我见到了许多人……我到处讲话……我到处回答问题……我到处争论……我到处否定……我意识到……我没有其他出路……我无法掩饰痛苦！……我最想说的是未来……"

演讲者说了三四十次"我"。好吧，不错的室内效果！但是，这无法使我们感到惊奇：索尔仁尼琴不在国内的二十年中，这种类型的出类拔萃的新一代大师成长起来。索尔仁尼琴自认为是俄语专家，喜欢指责别人缺乏判断力。仁慈的上帝啊，他想怎么样就怎么样吧！

对于"联邦主体"这个词，索尔仁尼琴是这样评价的："伟大的词汇！"他不知道这是专业术语，写在爱情诗中当然不合适，但完全可以用于国家法制和行政领域。

索尔仁尼琴的同僚弗拉基米尔·索洛乌欣对现代俄语中的简称和缩写词感到极其厌恶。"呸！"他说，"所有这些，莫斯科大剧院、高尔基模范艺术剧院、莫斯科大学……（他谨慎地绕过了苏联人民委员会国家政治保安总局、内务人民委员部和克格勃）

是多么令人厌恶！"演讲者在发言中惯用这样的语言："群众的经济独立性……处于精神压抑状态的人民群众……最好的职业……"

这里的问题是，索尔仁尼琴从未有过自己的语言。他从小就没有打好语言基础，喜欢赶时髦。我们经常在他的语言中发现"建筑工地"、"场院"、"水泥厂"等词。不久前，我读了列昂诺夫的《金字塔》一书，书中独具特色的人物——老杂技演员丘尔索——经常这样说："当金钱和健康比生命早一点点完结时，会带来一些不便……"我们在索尔仁尼琴的讲话中出乎意料地听到："我将和他协商一下……再读一些……"

有些人的发言让人很难理解，比如："地方自治机关的职权范围很广。"报纸上发表了这样的片段："地方自治机关的权限在不断扩大……"亚历山大·伊萨耶维奇大概不会抱怨我过于关注他的演讲稿，因为他对自己的演讲有十足的把握。

索尔仁尼琴的讲话中充满了奇迹和幻想。女作家罗赞诺娃说："我认为，亚历山大·伊萨耶维奇生活在虚幻的世界里……"

读过《古拉格群岛》的人可能会记得，作家当时在监狱中，为维护马列主义而勇敢地与神父争吵。他对所有犯罪行为和恐怖袭击进行了指责："斯托雷平在五个月内制止了1906年开始的骚乱——旋风似的疯狂犯罪。"把斯托雷平作为与犯罪做斗争的典范搬出来，恐怕有些不妥。他本人遭到十二次谋杀，最终被害——不是在漆黑的森林，而是在帝国剧院。

斯托雷平说，俄罗斯没有任何敲诈，没有滥用职权的现象……地方自治局体现了人民的力量……一路领先的地方自治局。正如在阿尔汉格尔斯克和沃洛格达州种玉米没有收成一样，地方自治局最终倒台了——布尔什维克粉碎了地方自治局。内务部部长兰斯科伊说，这些机构是1861年取消农奴制之后，为了奖赏失去地主权利的贵族而设的。结果，在县里甚至省里的贵族中，地主占绝大多数。到了1890年，贵族减少了一些，地位却升高了。这些机构为 1905 年革命提供了大量资金。

历史学家不知道，法西斯分子的根本目的是：消灭俄罗斯人的肉体。我们的人在德军战俘营不是因饥饿而死，而是被枪决、被置于严寒的旷野中冻死、被放到毒气杀人汽车中毒死。要知道，他们中的大多数人是手无寸铁的，他们不是战俘。梅德韦杰夫宣布《古拉格群岛》是伟大作家的伟大作品，甚至是二十世纪最伟大的书籍之一。

权威人士在报纸上毫无顾忌地、狂热地说："要知道，索尔仁尼琴是俄罗斯人，是爱国作家！"

克德罗夫

克德罗夫同志的想法是："一位好母亲不能有选择地爱自己的孩子。俄罗斯知识分子将永远不会放弃对世界人民的爱。"太棒了！陀思妥耶夫斯基在庆祝活动中谈到了这种爱。太好了！陀思妥耶夫斯基谈到了"俄罗斯知识界脱离人民"的问题。作家当时热情而自信地号召"全人类是一家"，但是后来我们看到了什么？强国侵略弱国、恐怖袭击、暴动和叛乱、威胁和诅咒……

奇怪的是，虽然克德罗夫说"十三世纪以来，世界是我们的"，但是他承认发生过战争。他在回顾过去的文章中写道："我们不是充满敌意地进入文明世界的。"思想家是这样描写自己的祖国的："从彼得时代开始，就成了战争的机器。"其他统治者是怎样做的呢？究竟是什么力量使得查理十二世率领成千上万的人马从舒适的斯德哥尔摩打到今天的白俄罗斯，然后到达波尔塔瓦郊外的呢？他想在外国的土地上用武力来解决自己的问题吗？

克德罗夫在用拿破仑启发我们时，自然会向列夫·托尔斯泰请教。他说，我们在他的《战争与和平》中看到："俄罗斯士兵在前进……在欧洲的田野上，雄赳赳地唱着战歌……农舍的屋顶不是用稻草修的，而是用砖砌的，十分干净整齐。农民面色红润，幸福快乐。士兵们把这种生活与自己的生活相比较，陷入了思考。"还记得叶夫图申科的短篇小说吗？是关于一个苏联女孩儿的。她第一次出国，在商店里看到了十六种香肠。她没有时间去思考，就像克德罗夫的士兵一样，刚要思考，便被炮弹炸晕了。如果士兵真的思考了的话，那么我认为，他们首先应该思考的是，当外国军队在他们的土地上横行霸道时，农民为什么会这样快乐。

《战争与和平》第一卷第二部分的描述，可以激发《消息报》工作人员的想象力："1805年10月11日，刚刚来到布劳瑙①的一个步兵团的士兵站在距城市一英里的地方等待总指挥的检阅。虽然处于荒郊野外，周围全是好奇地看着他们的外国人，但是他们与接受检阅的俄罗斯士兵没什么两样。"

会发生什么？托尔斯泰的作品中有俄罗斯士兵，有当地农民，有屋顶的瓦片……接下来描述了一个连的士兵在检阅中唱歌、跳舞的情景："鼓手，四十岁左右，干练而英俊，严厉地望着唱歌的士兵。确认所有的目光都转向他时，他用双手把某种无形的珍宝举过头顶。这样坚持了几秒钟，他突然绝望地扔掉了它：'哦，你是我的安身之处，我的家！'"

他背着沉重的弹药，灵活地走在连队的最前面……

歌曲中断了。士兵突然看见了用砖瓦砌的屋顶。

笔者结束了本章，画了句号。

---

① 奥地利最古老的城市之一。——译者注

你所不知的索尔仁尼琴

为奥库贾瓦辩护

他继续滋事:"取得了这种得不偿失的胜利之后(我们失去了三分之二的军队),为了迫使下一代忘记我们为胜利付出的代价,掀起了宣传的热潮。"也就是说,我们需要这种胜利。为了大众,我们不惜一切代价。这是残酷无情的民主派人士安德烈·斯米尔诺夫导演的电影《白俄罗斯火车站》插曲的歌词,根本不是民主派的领袖所写。克德罗夫的同事们从未说明这首歌从何而来,是谁写的。

隐瞒了作者的名字之后,我们的秘密工作者继续说:"我们深入思考这些话的含义了吗?'不惜一切代价'的意思是:不惜牺牲自己的或是他人的生命。"他在苛责在战场上疏忽大意的指挥官——这些内容在我最近出版的《为了祖国,为了斯大林》中可以读到。的确,在战争中,要像爱惜自己的生命一样爱惜他人的生命。然而,在斯大林格勒附近包围德军之后,我们的指挥员为了避免双方不必要的流血,两次建议士兵投降。

莱蒙托夫在著名的《博罗季诺》中写道:

我们像堵墙一样向前冲锋!
我们不惜抛头颅,
为了自己的祖国……

这是什么意思?是同样的意思:不惜一切代价。

同时,根据电影的情节,这是去单独执行战斗任务的某个空降兵连队唱的歌。克德罗夫这个聪明人,想让士兵在打仗时唱这首歌:

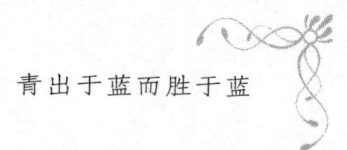

我们需要胜利，
代价和敌人去清算……

您在军队里服过役吗？宣过誓吗？该电影的主人公进行了苏联式的宣誓："时刻准备执行政府的命令，捍卫我的祖国。作为工农红军战士，我要勇敢地保卫祖国，彻底战胜敌人，不惜流血牺牲。"

《战争与和平》共三卷，索尔仁尼琴用了十年才读完。从那一刻开始，他被托尔斯泰的构思征服了……1947年10月，他二十九岁的时候，在监狱里给第一任妻子娜塔丽娅·列舍托夫斯卡娅写了封信。信中说："悄悄给我寄《战争与和平》和你的巧克力……"关于文章的构思，他只字未提。

有人问："索尔仁尼琴有没有最喜爱的诗人？"斯韦特洛娃是这样回答的："诗像太阳一样，总是伴随着他，无论是在创作中还是在日常生活中。在普希金那耀眼光辉的照耀下，亚历山大·伊萨耶维奇感觉自己是幸福的。"

陀思妥耶夫斯基热爱普希金，这是有目共睹的：诗人的名字不止一次地在他的作品中出现，许多诗他都能背下来。索尔仁尼琴曾经说过："从普希金身上可以学到更多的东西。"然而，斯韦特洛娃却说："从青年时期到现在，亚历山大·伊萨耶维奇最喜欢的作家是他的哥哥米哈伊尔·布尔加科夫。"

经典作家的传记

不久前，《祖国报》的记者对斯韦特洛娃进行了采访。米哈伊尔把报纸寄给了我。

我的注意力被一个问题吸引住了：索尔仁尼琴是否有阅读

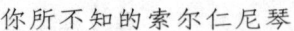

顺序?

在回答这个问题时,斯韦特洛娃说:"难以排出顺序。有些作家喜欢阅读所有的作品,还有一些作家,例如,列昂尼德·列昂诺夫,感兴趣的只有《小偷》。"另外,他好像是在拼命阅读许多东西。在青年时期,他不断地阅读,后来上了战场……参加了整个战争……劳改营、流放……索尔仁尼琴上前线时虽然年轻,但是并不比其他人年龄小,那时他已经二十五岁了。他在罗斯托夫大学和莫斯科历史、哲学、文学研究所待过。

另外,他并没有经历整个战争,而是服役了不到两年的时间。服役之后的两年,亚历山大·伊萨耶维奇居住在安全的大后方——离罗斯托夫不远的莫罗佐夫斯克。然后,他参了军,在普里沃尔斯克军区服役。此后,他在科斯特罗马的军校上学,毕业后长期居住在萨兰斯克。1943年5月,他到连队服役。几个月后,他以某种方式获得了假期,来到了罗斯托夫。1944年5月,通信员把他心爱的妻子娜塔丽娅·列舍托夫斯卡娅从罗斯托夫接到了他身边。

在前线,索尔仁尼琴不仅大量地阅读,而且写作颇多。列舍托夫斯卡娅回忆自己在丈夫那里的情景时说:"我和萨尼亚一起聊天,一起阅读。"我能想象出他读的是什么书:高尔基的《马特维·科热米亚金的生活》、科学院院士巴甫洛夫的书,还有杂志上登的克龙的《深度侦探》、特瓦尔多夫斯基的《瓦西里·焦尔金》……

他的高中同学维特科维奇去过他的连队之后,于1943年7月9日往罗斯托夫给列舍托夫斯卡娅写信说:"萨尼亚恢复得很快。"索尔仁尼琴创作了小说《中尉》、《莫斯科城》、《海外之旅》、《果园》、《六年级》、《尼古拉耶夫》,还有一些诗歌和二百四十八封信(其中只有一封是给妻子的)。索尔仁尼琴不喜欢,也不知道如何写简短的信……

为古拉格服务的列宁图书馆

关于在监狱里的那段历史，可以由亚历山大·伊萨耶维奇本人来叙述。他被捕后，被送到了莫斯科，关在卢比扬卡监狱。据他本人说，卢比扬卡图书馆的装饰简直称得上是奇迹。他每十天去借一次书，图书管理员进行登记……监狱里有多少人，就送来多少书。索尔仁尼琴都阅读了些什么？像扎米亚京、皮利尼亚克、潘捷列伊蒙·罗曼诺夫、梅列日科夫斯基这样的作家的作品，当时在狱外都很难找到，而索尔仁尼琴却能在国内的主要图书馆——列宁图书馆借到这些书。此外，囚犯可以收到亲戚寄来的书。因此，尼娜阿姨给未来的天才寄来了布罗德斯基的《物理化学》（两卷本），维罗尼卡阿姨寄来了《达里词典》（四卷本），他妻子寄来了巧克力……

"他兴致勃勃地阅读阿纳托利·弗兰斯的作品，"列舍托夫斯卡娅说，"陶醉于伊利夫的《十二把椅子》和彼得罗夫的《金牛犊》，把作者看成果戈理和契诃夫的直接继承者。他经常翻阅《达里词典》……"在前线和在监狱里的那几年，索尔仁尼琴的文学素养大大提高了。再看看陀思妥耶夫斯基，他在整个服刑期间，除了《圣经》以外，手里没有一本书。列舍托夫斯卡娅说："我借此机会收听电台的广播，萨尼亚抓紧弥补音乐方面的知识。"可以说，索尔仁尼琴在历史、哲学、文学研究所只学了两年就顺利地毕业了。他特别喜欢朗读恰茨基的独白：

> 我向前跑，不回头！我去探寻……
> 蒙受冤屈的角落……
> 给我马车！马车！……

他想用四轮马车运走自己的文集，但是很可惜，没有人提供这样的马车……1970年，他在斯德哥尔摩讲话时说："我登上这个讲台……经历了成百上千个黑暗和寒冷的日日夜夜。我注定要生存……"可以说，我们面对的是一个狂热的书呆子、充满激情的音乐迷。

超级"两面派"谢尔盖·扎雷金

来自哈巴罗夫斯克的卡恰诺夫斯基教授在《苏维埃俄罗斯报》上撰写了令人惊奇的文章。文章指出，谢尔盖·扎雷金是俄罗斯的爱国者和自由思想家。好吧，太棒了！可是，在伟大的卫国战争期间，为什么我们未来的社会主义劳动英雄没有手拿武器到战场上去表现自己的爱国热情，而是在西伯利亚做学问？是因为身体不好吗？要知道，他活到了近一百岁。

作为《新世界》的主编，他出版了索尔仁尼琴的《古拉格群岛》、《癌症楼》和《红轮》。不可思议！经过俄罗斯大百科全书出版社和相约出版社的努力，出版了《二十世纪的俄罗斯作家》一书。你怎么想，亲爱的读者？这是献给谁的最详尽的文章？高尔基、布洛克、马雅可夫斯基、阿列克谢·托尔斯泰、布宁、肖洛霍夫……不，是索尔仁尼琴。那么，是谁写的呢？科罗季奇、拉津斯基、巴克拉诺夫、叶夫图申科、涅姆泽尔……不，是社会主义劳动英雄扎雷金写的。你认为在他的文章中是否有批评的内容？丝毫没有。

文章的内容让人觉得滑稽可笑："1940年4月27日，索尔仁尼琴与大学生列舍托夫斯卡娅结婚……""1951年，列舍托夫斯卡娅与索尔仁尼琴离婚，和另一名男子结婚……""1957年2月2日，索尔仁尼琴和列舍托夫斯卡娅复婚……""1973年3月15日，索尔仁尼琴与列舍托夫斯卡娅离婚……""1973年4月20

日,索尔仁尼琴与斯韦特洛娃结婚……""作家的儿子叶莫莱、伊格纳特和斯捷潘在西方受教育……"

扎雷金说:"1941年10月18日,索尔仁尼琴应征入伍,当了一名普通的现役骑兵。"首先,他去的不是现役部队,而是当时的大后方——伏尔加河沿岸地区。其次,他不是骑兵,而是在马厩工作,负责喂马匹和清理粪便。

我们的社会主义劳动英雄说:"1942年11月,索尔仁尼琴毕业于科斯特罗马的炮兵学校,后被派往前线。"事实上,索尔仁尼琴1943年2月才被派往前线,到了那里已经是5月了。

他说:"1945年2月9日,索尔仁尼琴在给中学同学维特科维奇的信件中有对斯大林的不敬言辞,因此而被捕。"实际上,索尔仁尼琴把侮辱斯大林的信件发送到了许多地方,不只给了维特科维奇。他清楚地知道,前线的信件需要通过军事书刊检查,因此有理由相信,这是故意挑衅,为的是不继续留在前线,因为他认为"卫国战争的结束就是革命战争的开始",即苏联和美国、英国和法国之间战争的开始。索尔仁尼琴在监狱里度过了八年,大部分刑期是在疗养院里度过的。而被卷入这件事的维特科维奇则被判了十年刑,在马加丹非常恶劣的环境里服刑。最后,索尔仁尼琴本人还住在法国时就承认,逮捕他和给他判刑是公正的。

此外,扎雷金说:"1974年2月12日,作家被捕,被驱逐出境,并被剥夺苏联国籍。"早在1973年8月31日,《真理报》上就发表了一批作家的信。信中说:"对于萨哈罗夫和索尔仁尼琴这样诬蔑我们国家制度的人,我们只有谴责和蔑视。"当作家们在许多报纸上发表了这些信件时,政府做了什么?当局为了迎合扎雷金和其他一些人,将索尔仁尼琴驱逐出境。

1989年,《莫斯科新闻报》记者对《新世界》主编扎雷金说:"也许恶毒地伤害索尔仁尼琴的人现在会感觉不舒服……"

扎雷金毫不犹豫地回答:"我不记得他们了。这是他们当时的认识……"

那些年,索尔仁尼琴撰写了十卷本的巨著《红轮》。1994年5月27日,索尔仁尼琴返回了俄罗斯。1997年5月29日,索尔仁尼琴进入了科学院。作家致力于描写事实真相,他的《胜利者的盛宴》是对俄罗斯军官的赞歌。

早在1967年5月,在致苏联作协的信中,索尔仁尼琴宣称,他是在监狱最恶劣的条件下创作的这个剧本,尽管会被所有人遗忘和"注定要毁灭"。1994年,他在阁楼上找到了剧本,抖落掉灰尘,把"早已被抛弃"的剧本拿到了小剧场。邦达连科写了一篇有关戏剧的热情文章。但是,肖洛霍夫认为,这部戏是对红军的诬蔑。

接下来,扎雷金说:"在索尔仁尼琴的戏剧中,男性的友谊占了重要地位……同样的主题出现在长篇小说《第一圈》中,被迫在牢房里工作的格列布·涅尔任(原型是作者本人)、利奥·鲁宾(原型是科佩列夫)、德米特里·索洛格丁(原型是帕宁)……在天花板的拱顶下。"1961年,索尔仁尼琴的狱友、著名学者科佩列夫把短篇小说《伊万·杰尼索维奇的一天》转交给了新世界出版社。

1968年,作家秘密向西方转交了《古拉格群岛》第三卷手稿的缩微胶片。如果他做了这些事情,那么为什么至今还在呻吟,指责克格勃跟踪、窃听、拍照,并且招募他心爱的妻子……

长篇小说《第一圈》的主人公沃洛金试图警告军事武官,苏联间谍盗走了美国的原子弹。英雄为了俄罗斯,为了受集权主义奴役的祖国,牺牲了自己的生命。这位英雄并不孤单,为了俄罗斯,科尔尼洛夫将军、克拉斯诺夫、弗拉索夫、阿塔曼·什库罗、托洛茨基和其他一些人也牺牲了生命。

索尔仁尼琴强调,托尔斯泰从来都不是道德权威。当然!托尔斯泰曾在炮兵部队战斗,当看到塞瓦斯托波尔上空的法国国旗

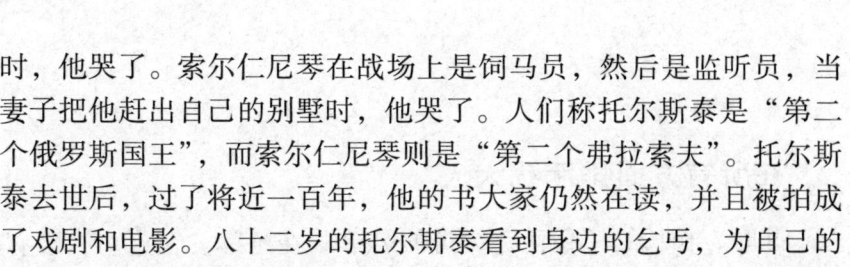

时，他哭了。索尔仁尼琴在战场上是饲马员，然后是监听员，当妻子把他赶出自己的别墅时，他哭了。人们称托尔斯泰是"第二个俄罗斯国王"，而索尔仁尼琴则是"第二个弗拉索夫"。托尔斯泰去世后，过了将近一百年，他的书大家仍然在读，并且被拍成了戏剧和电影。八十二岁的托尔斯泰看到身边的乞丐，为自己的衣食无忧感到羞愧。索尔仁尼琴八十六岁的时候，哪怕是森林火灾，他都会跑到西伯利亚去扑灭……

索尔仁尼琴强调，陀思妥耶夫斯基提出的道德问题更尖锐、更深刻。索尔仁尼琴用电影剧本展示了自己的才能。在《牛犊顶橡树》中，特瓦尔多夫斯基的形象占据了特别的位置。索尔仁尼琴写道："他毁了我，把我推到了冰下！"

丘特切夫不由自主地回想起来：

你不是为上帝和俄罗斯服务，
只是为自己的虚荣心……
一切都是谎言，所有的幻想都是空的。
你不是诗人，而是演员。

《古拉格群岛》像陀思妥耶夫斯基的《死屋手记》和契诃夫的《萨哈林岛》一样，准确地记录了一切。当时，索尔仁尼琴所在的监狱里关押着许多无辜的人。我们已经提到，他自己也承认：对他的处理是公平和合法的。当时他就问他的朋友雅科夫列夫："为什么在苏联时期你向我宣布平反了1.06亿人，而过了近二十年，被平反的只有一百三十万人？其他人在哪里？"

得到深刻论证的批评性语言在全世界造成了炸弹爆炸般的影响。索尔仁尼琴本人称："现在是文盲时代。"

在所有方面排斥犹太人

此时,长长的"伊萨克维奇的名单"在延续。在这里,既有马特维·布兰特的作品,又有波克拉斯兄弟的《如果明天爆发战争》,还有著名的《布琼尼进行曲》。让我们从最后开始。您这是干什么?不喜欢进行曲吗?是因为这些段落吗?

布琼尼,我们的兄弟,
全体人民和我们在一起。
不要悲观失望,
向前看!
伏罗希洛夫和我们在一起,
他是第一位红军军官。
为了苏联,我们不惜流血……

可以设想,索尔仁尼琴会特别气愤。第一,这里说的是二十世纪二十年代的事!当时,"军官"这个词是被禁用的,可以看作是对人的一种污辱。第二,伊萨耶维奇显然没有为苏联流过血。关于《明天将爆发战争》(1937年),他写道:"是我们立即消灭了敌人……"

如果明天爆发战争,
如果明天要远征,
今天我们就准备好!
站起来,人民,准备出征!
鼓,敲得更响一些!
音乐家向前进,在前面领唱!

唱起胜利的歌曲!
……

歌词中没有"立即消灭敌人",但是有"我们将消灭敌人",表达了一种坚定的信念。事实也是这样。

响彻全球的《喀秋莎》,在战争年代成为意大利游击队的队歌,这是苏联的宣传吗?

让我淹没在沼泽中,
让我在冰上冻结,
但是,一旦听到你的命令,
我就会再次穿过……

这与索尔仁尼琴没有任何关系:他没有被淹死,也没有被冻死。最后,让我们回顾一下:

敌人烧毁温馨的小屋,
杀害了他的全家。
士兵现在向哪里去?
向谁倾诉自己的悲伤?

士兵带着深深的悲痛走了。
在两条道路的交叉点,
在广阔的田野上,
士兵发现了长满草的坟墓。

士兵站着,像一块石头。
他的喉咙哽咽。
士兵说:"普拉斯科维娅,

你所不知的索尔仁尼琴

请等待自己英雄的丈夫……"

为客人准备盛宴,
在小木屋里摆上大桌子。
在胜利归来的日子里,
我来为你庆祝……

谁也没有回答,
谁也没有迎接他,
只有温暖的夏日之风,
吹动着墓地的草。

士兵叹了口气,整理好皮带,
打开了自己的行军包,
把一个呛人的瓶子,
放在灰色的石棺上。

不要怪我,普拉斯科维娅!
我来找你,
是因为我想喝酒祝你健康,
为亡灵祈祷。

男女朋友们再次重逢,
我们却永远无法再见面……
士兵喝了铜杯里的葡萄酒,
那酒里掺杂着悲伤。

这是谎言、宣传鼓动和故意歪曲吗?几年来,唱着这首歌和唱过这首歌的只有火车上那些在战争中失去双腿的残疾人……

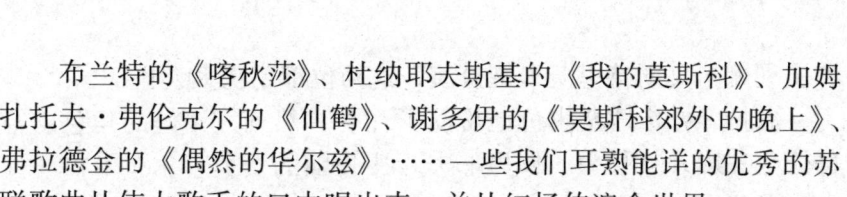

布兰特的《喀秋莎》、杜纳耶夫斯基的《我的莫斯科》、加姆扎托夫·弗伦克尔的《仙鹤》、谢多伊的《莫斯科郊外的晚上》、弗拉德金的《偶然的华尔兹》……一些我们耳熟能详的优秀的苏联歌曲从伟大歌手的口中唱出来,并从红场传遍全世界……

您觉得这是全部吗?当然不是!有人的嫉妒心突然迸发:"数百万的发行量、奖章、荣誉、稿费……谁会把这些文化活动家称为被压迫者?"是的,没有人会。

邦达连科认为谁占统治地位

刚才谈到了奖金和奖章,在这里就像鼻烟壶里冒出的烟似的,出现了反苏者弗拉基米尔·邦达连科。他认为:"在苏联文学的创作者中,犹太人占绝大多数。从克柳耶夫到特里亚普金,从鲁布佐夫到拉斯普京,俄罗斯文学的发展似乎是平衡的……"高尔基、勃洛克、马雅可夫斯基、叶赛宁、肖洛霍夫、列昂诺夫、西蒙诺夫、特瓦尔多夫斯基、舒克申、邦达列夫、肖斯塔科维奇、斯维里多夫、斯坦尼斯拉夫斯基、奥赫洛普科夫、卡恰洛夫、莫斯克温、弗拉基米尔·彼得罗夫、佩里耶夫、邦达尔丘克、乌兰诺娃、列佩申斯卡娅、涅斯捷罗夫、科林、列梅舍夫、科兹洛夫斯基、奥列格·波波夫、尤里·尼库林……

像克柳耶夫和鲁布佐夫这样的人物,始终是俄罗斯文化的"背景",从来没有起到过主导作用,尽管人们为后者建了三座纪念碑。

关于平衡,完全是胡说。如前所述,俄罗斯诗人的二十首诗成了犹太人布兰特的歌曲,而犹太人多尔马托夫斯基的诗《整个地球的年轻人》成了俄罗斯作曲家索洛维约夫的歌曲。在1930年无声的黑白影片和1958年有声的彩色影片《静静的顿河》中,肖洛霍夫创造的重要角色阿克西尼亚分别由艾玛·采萨尔斯卡娅和埃利娜·贝斯特里茨卡娅扮演,这两位都是犹太人!

薇拉·帕申娜娅出色地扮演了瓦萨·热列兹诺娃的角色。普鲁德金在影片《伊万·佩里耶夫》中扮演的费奥多尔·卡拉马佐夫也是犹太人!……

但是,邦达连科进一步说,在苏联时期,俄罗斯文化根本没有达到杜纳耶夫斯基和多尔马托夫斯基的高度……

谋杀索尔仁尼琴

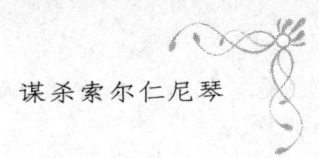

谋杀索尔仁尼琴

蒙难者、苦行僧、英雄

亚历山大·伊萨耶维奇·索尔仁尼琴的一生的确是苦难重重而又硕果累累。他是在排队中度过的童年。中学同学从他身上揪下了十字架，老师用吹毛求疵的方式残酷地折磨他。有一次，他因绝望而生了病，突然摔到地上，摔破了额头，可怕的伤疤至今还很明显。还有一次，新学年开始时，他甚至逃学了三天，但同时，具有讽刺意味的是，他每年都被选为班长，并且加入了共青团。中学毕业后，他去了罗斯托夫大学，获得了"斯大林奖学金"。大学刚毕业，战争开始了，他来到了运输连。于是，他这个超级知识分子便干起了清除马粪的活儿。随后，他上了整整一年的军校。战争中期，他上了前线。那完全是一场噩梦：通信员把他年轻的妻子从罗斯托夫直接送到了白俄罗斯阵线的窑洞。只要妻子在旁边，打击侵略者就会变成一件愉快的事！但是，一个半月之后，部队的指挥官认为他有足够的食物、衣物和货币津贴之后，就把他的妻子赶走了，剥夺了妻子关心和爱护战地军官的权利。1945年，当德国鬼子慌忙地四处逃窜的时候，他却被包围了。最后，他拿着自己喜爱的烟盒，顺利地冲出了包围圈。为此，他被授予"红星勋章"，却因书信而突然被捕。他在劳改营遭受了什么？繁重的劳动。他所有的谈话都被窃听，他们甚至让他的妻子作为卧底监视他。但是，他的妻子还是为了他们两个人的性命，冒险帮助他把作品寄到了国外。为了恐吓他，克格勃发出了粘着头发的信件。这是在暗示："脑袋都掉了，何必哭头发？"有一次，无耻的克格勃像对爱德华·阿姆夫罗西耶维奇那样，对亚历山大·伊萨耶维奇施行了真正的谋杀——用有毒的针刺臀部……嗯，这是本世纪最纯粹的谋杀！

克格勃"针刺臀部"的秘密行动

在与记者马克·杰伊奇的争论中，作家再次提起了一个可怕的事实。这位伟大的作家说："哦，我是如此难以忍受！1971年8月9日，在新切尔卡斯克，克格勃的人用蓖麻碱的针刺我！"

克格勃中校伊万诺夫可以为此作证。他有三十多年的工作经验，亲眼目睹了这一切，并在电视节目中讲述了事情的经过。有关这件事的文章被刊登在《绝密》周刊（1992年，第四期）上，英国的《卫报》于1992年4月20日也刊登了这篇文章。索尔仁尼琴在《牛犊顶橡树》（莫斯科，1996年）中也提到了这件事情。他所描述的中尉简直是在享受将军的待遇，办公室里有四部电话。

作为文学体裁的椴木和白杨

所谓的"伊万诺夫中校"说："这种故事是纪实性的，尽管是根据回忆写的。"里面没有提及参与者的姓名。无论是罗斯托夫的克格勃管理局局长，还是"针刺行动"的执行者，都没有透露姓名。至于管理局局长的秘书、去执行任务的汽车司机，以及揭露克格勃行径的加拿大女作家、对伊万诺夫中校十分熟悉的小吃部服务员……"针刺行动"已经过去了二十多年，他们中的一些人可能已经不在人世了。

所以，不能把对这样一些人的描写看作纪实，比如"旁边坐着一名穿双排扣的浅灰色西装的陌生男子"、"陌生人身材矮小而结实，梳着黑色短发"、"订的是亚美尼亚白兰地酒、沙拉和肉"。简直无法相信，一个人在三十年之后仍然记得这些。

伊万诺夫中校在杀死天才的行动中，始终处于极度紧张、担心的状态。他说："一个意想不到的尖厉声响使我警觉起来。"对于桌上有四部电话的克格勃头目来说，电话铃响了，能算是意外吗？

他进一步指出："将军拒绝用晚餐，这使我心慌意乱。"心慌意乱？难道不知姓名的领导经常平等地与他的下属一起到餐厅去，这次却拒绝了，引起了震惊吗？还有："我感到紧张，莫名的担忧使我无法平静……"在这种精神状态下，怎么能记住三十年前某人穿着双排扣的西装呢？

基热中尉曾是肃反工作人员吗？

直截了当地说，所谓的"伊万诺夫中校"不太像一个有三十年工龄的经验丰富的克格勃官员。客观地说，他不是个称职的克格勃官员，竟然把最显而易见的基本情况给搞混了。他写道："1962年，索尔仁尼琴的小说《伊万·杰尼索维奇的一天》出版之后，罗斯托夫的克格勃分局的某位领导马上开始仔细研究作家在罗斯托夫时的生活。所有报纸，包括《真理报》、《消息报》、《文学报》，简直把这部小说捧上了天。"作为时代的旗帜，索尔仁尼琴获得了"列宁奖章"，被视为经历了整个战争的战地军官和受害者。在这种情况下，克格勃把作家作为一个可疑的危险人物展开调查了吗？他们用这些小伎俩搞定了谁？

接下来，我们看到，这些人住在罗斯托夫、新切尔卡斯克和塔甘罗格。也许，在这些城市中，可以找到索尔仁尼琴的同学，但他最亲近的人早已不在那里居住了。他的妻子娜塔丽娅·列舍托夫斯卡娅和他的朋友尼古拉·维特科维奇住在梁赞，他的朋友基里尔·西蒙尼扬与妻子丽季娅一同住在莫斯科……

这位克格勃官员这样写道："二十世纪六十年代至七十年代，开始是由谢列平来领导克格勃，后来是由谢米恰斯内领导克格勃，关键位置都被前共青团中央的工作人员占据了……"事实上，谢列平不是在二十世纪六十年代上任的，早在1958年他就上任了，1961年便离任了，而谢米恰斯内是在1967年离任的。谢列平在减少安全机构的数量方面做得很出色，他指出："克格勃没有必要监视那些对维护国家安全毫无意义的设施。"他在任时，卢比扬卡广场上的一座内部监狱被清空了（见列昂尼德·姆列钦的《历届克格勃主席的命运》，莫斯科，1998年）。

当时发表的索尔仁尼琴的短篇小说和散文，受到了读者的欢迎。刊登着他的作品的《苏联作家》和《小说报》被抢购一空。好吧，秘密警察有必要到各家各户进行搜查，没收这些作品吗？要知道，那时在苏联报刊上发表的索尔仁尼琴的著作，得到了官方和非官方的高度赞扬。

伊万诺夫中校补充说："克格勃的任务是遏制索尔仁尼琴的作品在正式刊物上刊登。"首先，克格勃不是惩治机构，而是国家安全机构。伊万诺夫承认："我没有实物证据，只剩下喊叫……"这位成熟、老练的克格勃官员应该知道，喊叫是毫无意义的。

在行动中，伊万诺夫中校做了许多令人费解的事。不知姓名的局领导把他叫到办公室，严重警告说，即将进行秘密会谈。没有人告诉伊万诺夫行动的具体内容，所有人都在极力隐瞒。同时，在新切尔卡斯克，天才的臀部被注射了致命的一针之后，来自莫斯科的"上级"坚定地低声说道：

"结束了！就快没命了，他坚持不了多久。"

在车上，他没有掩饰他的喜悦。

"您知道，起初没有奏效，而用了第二种方法之后，全部搞定！"说到这里，他停顿了一下，看着我和司机。一个难于控制自己的人走漏了消息！从中央来的专家竟然如此大意！

是啊，他说走了嘴，但任何明确的事实都没有说出来。

玛丽·道森反对伊万诺夫中校

伊万诺夫中校讲述了工作中的很多怪事。例如，克格勃把外国作家发配到罗斯托夫……克格勃为什么要像遣送间谍似的把外国作家发配到某个地方？是根据许可证还是根据命令？下一步，向他们详细介绍了亚历山大·伊萨耶维奇在罗斯托夫时期的生活，目的是给他的外国出版物提供素材。

他们说，从加拿大来的不太有名气的女作家不仅不想写反对索尔仁尼琴的东西，而且公开揭露了克格勃的这个骗局。实际上，玛丽·道森是一位知名女作家，她不止一次访问过俄罗斯，甚至去过西伯利亚。其实她揭露的根本不是克格勃，而是索尔仁尼琴和萨哈罗夫。她给后者发出了一封公开信。公开信刊登在《文学报》上，是这样开头的："我听说您获得了诺贝尔奖，恭喜！我们国家有一些勇敢的白人，为了我们印第安人的人权而斗争，但他们没有得到诺贝尔奖，因为西方从来都不承认有侵犯人权的行为。"女作家建议学者们开动脑筋，对一些事实进行比较。

"您为苏联的落后而哭泣，因为那里没有设备齐全、装修漂亮的公寓。那里的肉食品供应比我们这里还要糟糕。我去过莫斯科的一些公寓，感觉设施比我们这里的公寓落后。但是，您肯定从未见过这种用白铁皮造的破旧的小屋，印第安人拥挤地生活在这些小屋里！……"女作家是这样说的。

有一个特殊的细节与此有关。伊万诺夫中校说："她（玛丽·道森）的随行人员是莫斯科克格勃特别行动小组的成员，有假证件和假名片——不是克格勃的，而是其他单位的，让人感觉克格勃的机构设在了莫斯科的出版社。"如果这对伊万诺夫来说都是问题的话，那么真不知道他在机关里的这三十年是怎么混的。

崇拜索尔仁尼琴的基热中尉

克格勃官员伊万诺夫的形象在我们面前摇摇欲坠。他是谁？基热中尉？我可以断定，这个人酷爱文学艺术和各种美好的事物。从对他办公桌的描写开始："一个巨大的、闪耀着深棕色光泽的……"接下来是没完没了的叙述："一个熟人发出干巴巴的声音……一辆黑色'伏尔加'亮着大灯，在主路上飞奔……入秋前温暖晴朗的天气……以繁星点点的天空为背景……"试问，为什么克格勃的中校会告诉你一个可怕的罪行的所有细节？这是真的吗？这些都出自充满激情的文学家之笔吗？

值得注意的是，伊万诺夫怀着深切的同情描写了亚历山大·伊萨耶维奇的童年："贫困、窘迫……"索尔仁尼琴本人是这样描写那段时光的："母亲在难以置信的艰苦条件下把我培养大。我们住在一间租来的烂木屋里。我总是觉得冷，经常感冒……"（见《牛犊顶橡树》）这是他1944年从前线给妻子写的信："我母亲为我编织了无忧无虑的快乐童年，至今难以忘怀。为了我的心理健康，她创造了一切物质条件。"萨尼亚在中学和大学里过着无忧无虑、幸福快乐的生活。母亲关心儿子的健康，给他买了自行车，这在当时是十分奢侈的。暑假里，儿子有时骑自行车，有时步行，有时乘船去乌克兰、高加索和克里米亚……如果肃反工作人员对此一无所知，那么他们就不适合去维护国家安全。这再次印证了我们对伊万诺夫中校身份的怀疑。

进一步说："年轻人是天才，女孩子喜欢他的智慧、他的正直，欣赏他的能力……"好了，女孩子喜欢他的还不止这些。伊万诺夫在新切尔卡斯克教堂亲眼见到了索尔仁尼琴，索尔仁尼琴给他留下了难忘的印象："一个高大的、非同一般的人……伟大的作家……"索尔仁尼琴的形象令人同情和钦佩。在莫斯科和罗斯托夫成立了强大的特别行动小组来保护他，他们担心沿途会有人游行示威。

没见过世面的伊万诺夫中校

我们在此得出最重要和最有趣的结论：有充分的理由相信，不存在任何伊万诺夫中校，站在我们面前的只是基热中尉。他们同意把《古拉格群岛》的作者描写成一个伟大的作家，但是，我们可以继续仔细地观察他。

我们来看一看天才的第一任妻子列舍托夫斯卡娅的态度。索尔仁尼琴最近同时在《文学报》和《共青团报》上发表了文章《糊涂人找不到光明》。文章中说："克格勃把列舍托夫斯卡娅看作最忠实的成员。新闻社把她的第一本书《与时代争论》传播到了全世界。1975年，关于我，她说了很多报复性的谎言。她甚至说她完全不了解我的中学时代，把我的劳改营生活作为证据……称《古拉格群岛》为'劳改营中一伙人的无稽之谈'。"

这难道是报复吗？难道他隐瞒了一切吗？即便如此，做妻子的也应该十分了解丈夫的中学同学和母亲。她写了《萨尼亚的妈妈》这篇文章，因为她听说了很多有关自己丈夫在前线和劳改营里生活的内容，并且从他的信件中摘录了不少东西。仅在战争期间，索尔仁尼琴就给她寄了二百四十八封信，其中就有描写童年生活的片段。

正如我们所知，他在前线不断地写诗歌和短篇小说，并且多次发送到莫斯科的文学出版机构。列舍托夫斯卡娅在自己的第一本书中写了很多挖苦索尔仁尼琴的话。我能理解一个女人对有名有利的前夫的责怪，毕竟他为了一个"比她年轻二十多岁，素质更好的女人"而抛弃了接近老年的她。怎么能要求被抛弃者保持绝对的冷静呢？更何况，从流放地回来之后，索尔仁尼琴破坏了列舍托夫斯卡娅与梁赞医学院副教授维亚切斯拉夫·索莫夫刚刚组建了四年的新家庭。可是索尔仁尼琴却说："1974年我被驱逐出境之后，她立即和……结了婚……她就不能等到一九九四年我和奥利亚从美国回来吗？"

是谁在恨谁

另外，列舍托夫斯卡娅写道："索尔仁尼琴上尉希望在前线了解人民。"索尔仁尼琴本人说："在后方训练连队时，警报解除后，我强迫懒散的士兵别尔别涅夫在梅特林中士的指挥下步行。"这还是在后方。那么在前线呢？"我向下级发出不容争辩的命令……他们按照命令站在我面前讲话。我粗暴地打断他们，给他们下命令。我有勤勤恳恳的勤务兵，照顾我的生活，为我准备食物……士兵为我挖了一个特殊的防空洞，用木头垫厚，使我感到舒适和安全……"①

1964年冬天，索尔仁尼琴在列宁格勒，而列舍托夫斯卡娅仍然在梁赞。"二月里下起雪来。只能用铁锹经常清理丈夫散步的小路，不能让它被雪覆盖！这会让人感觉萨尼亚只是离开家不

---

① 见《古拉格群岛》第一卷。

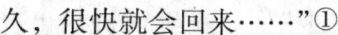

久,很快就会回来……"①

我认为,索尔仁尼琴对已故妻子最不满的是,她讲述了自己到前线去看他的那三个星期里做的事。他本人对此事只字未提。

所谓的"伊万诺夫中校"与"行动对象"的第一任妻子之间似乎有什么联系。我们在他那里读到的与在索尔仁尼琴那里读到的内容完全相同:"列舍托夫斯卡娅在克格勃五局的帮助下出版了《与时代争论》一书。"他是从哪里得知五局所起的作用的?只有从索尔仁尼琴那里!

我们在中校那里还了解到了许多,包括作家苦涩的童年,他的书被没收,以及反对索尔仁尼琴的"克格勃特别行动小组"所做的事。只有他能把克格勃称为惩罚机构,这无论如何都不是拥有职业自豪感的老肃反工作人员所为。但是,这远不是全部。

索尔仁尼琴承认,证据可能是间接的。在这里,我们再次动用了索尔仁尼琴在劳改营的告密材料。他的写作风格是多样化的,有些夸张,特别是在标点符号上。举个例子来说,破折号是一种充满活力的符号。我们在《古拉格群岛》中遇到过这样的句子:"祝您——幸福——队长!"这里的第一个破折号完全可以去掉,而第二个破折号完全可以用逗号代替。还有一些情况,用破折号是不合适的,如"莱温受到了折磨——因为她和阿利卢耶夫有共同的朋友……"、"由此——业务的结论……"、"在这里——完全是另一个尺寸……"、"我们——为了他准备睡在坦克下……",等等。再举几个《牛犊顶橡树》中的例子,如"谈论他的好像是他——克格勃的侦查员,可好像——不是真的……"、"和他们——正好应该说……"、"敌人——他们在暗中破坏……",等等。总之,只要不违反规则,他就特别喜欢使用破折号,以此来表达情感,这是显而易见的。

有些破折号是完全可以用逗号代替的,例如"结果——书出

---

① 见《古拉格群岛》第一卷。

版了"、"一旦完成了任务——我就飞走"、"继续前进是愚蠢的——我们会被发现"、"领导在执行任务——大概已经预先通知过"、"不问——总是得不到答案",等等。

在两种情况下——斜体、排得很稀——他会带着这种激情强调某些词、短语和句子。在我们熟悉的《古拉格群岛》和《牛犊顶橡树》中,都有这种情况。

我们看到:"'将军'用这个电话打了……"为什么在这里,"将军"一词要加引号?只因为那种不同寻常的热情。

索尔仁尼琴喜欢把两个词合二为一。在《中校》一文中有"思想的代表"、"画十字架"等用法,还有"我感觉到某种不同寻常的呼吸"这样的句子。这使我回想起《古拉格群岛》中的"濒临死亡的呼吸"。作者在《古拉格群岛》中描写了检察官科雷连科和孟什维克分子亚库博维奇的谈话:"我会请审判长向你提问!!!"在这里,索尔仁尼琴有可能是在表现对科雷连科的话感到十分惊讶。

在《古拉格群岛》中有这样一段话:"这是……德国著名的空军指挥员……爱司……他的第一次战役……玻利维亚与巴拉圭的战争……"遗憾的是,无论是"一伙人"还是"一场战役",中校都未遇见。还需要什么样的证据呢?

"可以允许……他们可以告诉我……但在《牛犊顶橡树》中有伊万诺夫中校本人的肖像。可靠的人!"的确,旁边是亚历山大·莫伊谢耶维奇·戈尔洛夫的照片,索尔仁尼琴和他一起去过南方。

叶夫图申科的一组照片

在这里我们还发现,索尔仁尼琴平常很喜欢照片,他的自恋程度甚至超过了叶夫图申科。更确切地说,他们在竞争。叶夫图申科在 1981 年出版了评论性的图书《支点》，发行量为二十万册，里面有二十七处优秀作家索尔仁尼琴的精彩画面，当时他还没有谢顶。1991 年，出版了政论题材的图书《政治——所有人的特权》，里面有那位神奇作者的五十三张已经严重磨损的精彩照片，当时他已经谢顶了。

的确，能够活下来的人都是历经风霜、饱受磨难的。作者在写《支点》时，两次获得斯大林奖的老诗人斯捷潘·希帕乔夫还健在，并作为莫斯科作家协会的领导极力保护枕下总是放着获奖长诗《帕夫利克·莫罗佐夫》的年轻的叶夫图申科。在这本书中，他对希帕乔夫惊呼："伟大的诗人！"而在希帕乔夫死后，他却说："小诗人，但是个伟大的人。"

进一步比较两本书里的照片是很有趣的一件事：土耳其著名诗人希克梅特和列宁奖章得主拉斯普京已被引人注目的美国人厄普代克①和米勒②取代。

天才对手

索尔仁尼琴在第二次出版《牛犊顶橡树》时（1996 年），插入了一百三十九张照片——在照片的数量上超越了叶夫图申科，而且漂亮。这些照片上有什么呢？有在办公桌旁的，有与妻子、孩子和朋友在一起的，有牵着狗的，有骑自行车的……有一张在某个丛林中的照片，是与巨型蟒蛇进行殊死搏斗的。

---

① 美国作家（1932—2009），著有《兔子三部曲》、《半人半马》、《夫妇们》等长篇小说，以及众多短篇小说与故事集，被誉为当代美国文坛上描绘中产阶级生活的大师。——编者注

② 阿瑟·米勒（1915—2005），美国剧作家、散文家。主要作品有《推销员之死》、《熔炉》等。——编者注

他的住所是在罗斯特罗波维奇的别墅，他在那里度过了三年半的时间。作家新任妻子的住宅的台阶、天才享用的电梯、经典作家每天触摸的公寓门把手……一切都考虑在内，足够创建一个博物馆了……

对于亚历山大·伊萨耶维奇来说，寻找摄影作品从来都不是问题，他对此历来都十分重视。当准备单独出版《伊万·杰尼索维奇的一天》时，要附上作者的照片。索尔仁尼琴觉得摄影师的技术较差，但是他需要表现出来的"历经磨难和悲伤"，结果都表现出来了。

有一张很有名的照片，上面是他和一只被捕获的带着垂死表情的狼坐在一起。在他的帽子、棉袄和棉裤上印有黑色的"щ-282"字样。有许多人认为这是真的，可是谁能在劳改营里给他拍这种照片呢？我认为，这纯粹是他获得自由以后自编自导的一出戏。

在《古拉格群岛》中有一张著名的照片，表现的是搜查时的情况。在照片上面，亚历山大·伊萨耶维奇还是那个样子，但不是坐着，而是张开双臂站着，旁边有个穿军大衣的人在他的口袋里摸索。也是戏剧！但是，有一张照片是真的：他坐在防空洞里，手拿一支笔，表现的是索尔仁尼琴中尉在防空洞里撰写《妇女的故事》，只是旁边缺少了他的妻子……所以，制作某个"伊万诺夫中校"年轻时的照片，对于亚历山大·伊萨耶维奇来说，没有丝毫的困难。

加林娜·维什涅夫斯卡娅与其祖母的揭发

现在，让我们回到正题上来。他在《牛犊顶橡树》中说自己自杀未遂："1971年夏天，我失去了我的罗日杰斯特沃……"更确切地说，是莫斯科州纳罗福明斯克地区伊斯季耶罗日杰斯特沃村的别墅。实际上，这座别墅根本不属于他，而是属于列舍托夫斯卡娅的。

1969年，他与斯韦特洛娃同居后，列舍托夫斯卡娅就让他净身出户了。被妻子赶出别墅后，索尔仁尼琴很快便住到了罗斯特罗波维奇的别墅里。但是，他说："多年以来，我首次觉得写不好东西，十分着急！在炎炎的夏日中，我决定去南方——我童年居住的地方——收集材料……先去八年未见的姑妈家……"

对此，加林娜·维什涅夫斯卡娅说道："1971年夏天，亚历山大·伊萨耶维奇有一次告诉我们，他和好友亚罗斯托夫一起去顿河沿岸为他的书收集资料。他们决定开他那辆破旧的'莫斯科人'牌汽车去，我们被他吓坏了。"

他们怎么能开这种车去呢？它会坏在路上的。路途遥远——从莫斯科到罗斯托夫有一千二百多公里的路程。

可是，无论怎样劝说，萨尼亚还是离开了，并答应两周以后回来。

但是，据我所知，索尔仁尼琴在新切尔卡斯克成了"针刺行动"的受害者。行动的领导者自信地说："一切都准备好了，他现在活不了多久了。"

但是，他不仅用一种奇妙的方式没有感觉到注射的疼痛，而且巧妙地去了自己最喜爱的姑妈家。那里距新切尔卡斯克二百五十公里。他说："我在路上被烧伤了。"当然！那年夏天，在莫斯科，人人都会感到呼吸困难，更何况是在南部，在炎热的太阳的照射下，开着像罐头一样的"莫斯科人"行驶一千五百公里，不被烧焦才怪呢！

维什涅夫斯卡娅说："三天后，萨尼亚出现了。他回来了，但不是在走路，而是在慢慢地挪动……"

噢，我的上帝！发生了什么事？

巨大的水泡覆盖了他的全身，就像可怕的烧伤……也许是食物中毒……罗斯特罗波维奇立即找来医生——不是随便什么地区

诊所的,而是有名的医生。

我们问医生:"他究竟得的是什么病?"医生回答说:"像是严重过敏。"她马上回想起童年的往事:"我已故的祖母也起过这种泡。"

原来,他患的是奶奶曾经患过的过敏症。"那年夏天又闷又热,"加林娜·巴甫洛夫娜回忆道,"我们把萨尼亚的行军床放到树荫下的灌木丛中,他在那里躺了几天。"8月13日,他匆匆忙忙地给克格勃官员和部长会议主席写了封信。在这些信件中,他对恶毒的暗杀和神秘的水泡只字未提。提到"花园洋房",他说,在他不在的情况下,别墅遭到了搜查。

因此,我们确信,这个所谓的"伊万诺夫中校"是不存在的。如果有人问,为什么这样一位著名的作家要虚构这个人和这次滑稽的暗杀事件呢?答案非常简单:作为一个伟人,一个前所未有的天才,他拥有了一切,包括贫困的童年、平淡的青年时期、在前线时的英雄气概、不朽的作品、诺贝尔文学奖……只是没有人去谋杀他。所以,他制造了谋杀,因为他把米丘林的话当成了座右铭:"我们不能等待大自然的恩赐。我们要完成我们的使命。"

没有胡子

没有胡子

没有胡子

1979年10月,我随一个小型的作家代表团到德国进行访问,并且应邀参加了法兰克福国际书展。我们游览了西德的美因茨、奥格斯堡、慕尼黑等几座城市。我甚至有幸到乌珀塔尔(恩格斯的故乡)参观了博物馆,这是我此行的主要目的。就在那个时候,我撰写了一本书。

我按照自己的习惯,几乎把在德国逗留的每一天发生的事情都用日记的形式记录了下来。因为我们一直忙于参观、访问、游览,从歌德博物馆到艺术画廊,所以日记记得十分简短。我们往往是在晚上返回酒店,已经疲惫不堪了。尽管如此,这些日记仍然能够帮助我记住在那些日子里发生的许多事情。

翻开日记,我发现了一段10月18日的记录:

法兰克福。黑森霍夫酒店。10:30。昨天与瓦西里·苏博金①和叶娃②一起去了美因茨。我们参观了古腾堡博物馆,那里的机器每隔一小时或半小时运行一次。我们参观了大教堂,还逛了商店。我花39马克买了

---

① 诗人瓦西里·苏博金,当时是《文学报》编辑委员会成员。
② 叶娃是我们的导游,波兰人,嫁给了一个德国人。

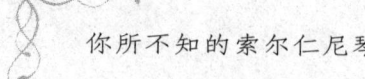

个精致的文件夹……

晚上，我与瓦西里·苏博金一起闲逛。我们去了火车站，在电影院里看了一部色情电影。三对夫妇来到了令人尊重的、白发苍苍的性学家跟前。性学家对他们进行了最基本的教育……所有这一切都举例说明。在能容纳二三百人的电影院里，只坐了十二三个人。

在此之前，我们去了书店。我询问俄罗斯作家的书，女孩儿马上递给我三本蓝色封面的平装《古拉格群岛》，价格是八十八马克，好像是1978年5月在汉堡出版的。

我们在法兰克福度过了大部分的旅行时间。我们入住的"上午动物园酒店"（在动物园旁边），在阿尔弗雷德布雷姆广场。这个我已经写了："小而舒适的酒店，房间是最好的，但糟糕的是窗口朝着有轨电车站。"后来，我们搬进了豪华的"黑森霍夫酒店"。有人说，亨利·基辛格最近在这家酒店住过，他是来参加他的回忆录的"首发式"的。这里刚刚出版了他的回忆录（德语版），是本大部头的书，有《古拉格群岛》两卷那么厚。据我观察，购买这本书的人不比购买《古拉格群岛》的人多。当我们在叶娃家做客时，她给我们看了这本作家传记（他心甘情愿地在"首发式"上送给他们的）。给人的感觉是，这本书的出版只是为了赢得海外知名度。

展会的第一天，我们到了那里。陌生的人们向我们走过来，用俄语和我们交谈。原来，他们是"城市友好协会"的成员，由于种种原因，戏剧性地在战争期间来到西方定居。

我在1979年10月16日的日记里是这样写的：

昨天，友好协会的同志邀请我们去做客。已经很晚了，大概在夜里十一点半。我一个人叫了一辆出租车去

没有胡子

了。多么有趣!他们给我们往酒店打电话,说他们已经在我们还不认识的塔季亚娜·费奥多罗夫娜的家里了,正在等我们。我们以时间太晚和疲劳为借口,准备推掉这次聚会。其实,更重要的原因是:我们几乎身无分文(稍晚些才能拿到钱)。对此,他们沉默了。他们再次打电话说服我们,说今天他们中有个人过生日(多半是主人),如果我们去的话,会给他们带来快乐。这时,我的心颤抖了一下。我情不自禁地想:"我的天啊!在这里,在这个陌生的城市,在这块显然将来我不会再来的陌生的土地上,夜深人静,俄罗斯人在恳求我,说我能给他们带来快乐!难道可以无视这一点吗?"

我不由自主地想起了1958年我在匈牙利时发生的一件事。那一年,我跟随莫斯科作家小组跑遍了整个匈牙利。大概是在埃斯泰尔戈姆,我和文学报社的同事加兰特尔一同遇见了一位俄罗斯老汉。1915年,这位老汉曾经是奥匈帝国的俘虏。他在这里组成了家庭,永久地留在了这里。老人邀请我们晚上去做客,我们答应了,并记下了地址。但是,我们没有去!没去的原因我真的记不得了。一天早晨,当我们走向自己的巴士,准备到另一座山上去时,在送我们的人群中,我看到了这位俄罗斯老汉。我没有足够的勇气转过身不理他,于是我走了过去,开始解释为什么我们没有去。他默默地点了点头,用悲伤和痛苦的声音平静地说:"多可惜啊!我和我的妻子、女儿、女婿一起等到了深夜。很遗憾……"我哽咽着说不出话来。

我想象着,那也许是一套简朴的住宅,主人十分热情,摆好了饭桌,焦急地等待着我们。也许老人会向邻居吹嘘:"今天,我的同胞会来我家看我……"于是,我紧紧地握住他那粗糙的手,再次说了声"对不起",

便快步走向了巴士。当巴士开始启动时，我偷偷地从窗口看了一眼那位老人。他离开人群，站在一边，向我们挥手告别。如果我是一个雕塑家，希望在岩石上刻画出"乡愁"的主题，那么我会选择埃斯泰尔戈姆的这位俄罗斯老汉……

电话铃再次响起。电话那边，他们大概猜出了我们的窘境。他们说，他们会在街上等我们，并为我们付出租车费。我果断地说，"给我地址！"他们高兴地回答说："奥芬巴赫，利希滕普里亚滕韦格，七十八号。"我赶紧穿好衣服，走到出租车跟前，上了出租车……十几分钟之后，我到了。他们正在街上等着我，为我付了出租车费……到了他们家，我看见桌子上有伏特加酒、可口可乐、开胃的小菜、虾、炸肉……他们真的非常高兴。

说句题外话，我敢肯定，他们首先会问我莫斯科的情况：生活怎么样？有什么新闻？结果，他们不仅是广泛报道苏联生活的报纸《祖国之声》的固定读者，而且在苏联居住过。女主人塔季亚娜·费奥多罗夫娜去的次数最多。她的父亲曾在苏联工作，并与俄罗斯人结了婚。所以，叫她"弗里德里霍夫娜"更好些。我很快就明白了，他们需要我，不是因为我能提供祖国的消息，而是因为我可以让他们想起过去的事情。在我面前，他们可以诉说自己的忧愁和孤独。参加聚会的男性大部分是我的同龄人，而女性则年轻些。我很快就发现，他们中有一个诗人，叫瓦洛佳，在《祖国之声》杂志上发表过几首诗。

我们喝了酒。瓦洛佳开始读诗歌，虽然写得很幼稚，但是很真诚："我们的首都不是波恩，而是莫斯科……"瓦洛佳参加过基辅的地下组织（他来自基辅），

没有胡子

曾两次从劳改营逃脱：一次在慕尼黑附近，另一次在东普鲁士。

还有一个人叫尤列克，看起来像波兰人。他说，他当过游击队员。他是怎么来到这里的，我不知道，只知道他是在战争结束后来的，大概是在1947年。

阿尔卡季是一个活跃的图拉人。

尤列克说："我三十五年不在家，别人根本不知道我有多么空虚。"

他们在法兰克福为俄罗斯精神而干杯。

我记得有人说过："这些年来，我们仿佛坐在行李箱上。周围的生活似乎不是真实的，好像总是和我们擦肩而过。"瓦洛佳拉着我的手说，他还记得共青团证的号码。然后，他把号码背了出来。我没有问他们为什么不回祖国，觉得这样问很不礼貌。

他们问我如何看待索尔仁尼琴。我说，他骗了我们所有人。他们认真地听我讲述，没有人反驳。这时，有人想起了不久前在一本杂志上发表的一篇文章，证明索尔仁尼琴诬告了同监狱的其他囚犯。我感到惊讶并且很感兴趣，西方的媒体也搞这种宣传吗？是不是搞错了呢？但是，他们坚持说发表在《新政策》杂志上。

回到宾馆，尤列克开上了自己的车。阿尔卡季中途下了车。尤列克是搞建筑的，看得出来，他生活得不错。他是他们中最年轻的一个，娶了一位德国姑娘……

几天后，我们即将离开德国。我们与"友协"的这些令人愉快的朋友又见了一次面。这次，我带来了我们代表团的全体人员。见面地点还是塔季亚娜·费奥多罗夫娜家。这次谈话涉及索尔仁尼琴，但是很奇怪，在我新结识的朋友中，没有人想起杂志的事。后来，我猜到了原因：他们显然不知道我对这本杂志有多么感兴趣。但我没有抱怨，也没有灰心，在一百二十五马克一天的豪华酒店房间里，在一个精致的深色文件包中，静静地放着一本我需要的杂志。我在盛大的书展中的一个旧货摊上找到了它——1978年2月出版的《新政策》。

后来，塔季亚娜给我写信说："我们经常回忆起和您这位苏联作家共同度过的几个小时……我们期待着与苏联同志的再次会面。"

我在1979年10月23日的日记中是这样描述的：

> 五分钟前，飞机起飞了。"伊尔－62"下方的法兰克福逐渐变小。塔季亚娜、瓦洛佳和阿尔卡季在机场为我们送行。他们赠送了各种小纪念品，给我们留下了美好的印象。阿尔卡季在离别时高喊："不要忘记我们！"

令我吃惊的是，阿尔卡季突然想起了那本杂志，为没有找到杂志而向我道歉。我说："别沮丧，我已经找到了那本杂志。"

为索尔仁尼琴刮胡子

我在家中阅读感兴趣的作品，标题是《化名亚历山大·索尔仁尼琴的间谍韦特罗夫的告密》。如简短的出版序言中所说，从这部手稿中摘录的片段，没有一个出版商愿意采纳，虽然其作者是有成就的作家弗兰克·阿尔瑙。在我们国家，也许只有专家才知道阿尔瑙的名字，但正如序言中所写，这是一位著名的犯罪学家。他在生命的最后几年（他1976年2月死于瑞士）是一个为了真理而不懈斗争的战士。

近年来，阿尔瑙一直在撰写书籍，预先起的书名是《没有胡子》。可以认为，书名很好地说明了本书内容的实质——作者想要剃

没有胡子

掉俄罗斯作家韦特罗夫长长的漂亮胡子。正如出版者所述,实际上,阿尔瑙是依照亚历山大·索尔仁尼琴的个性在勤奋地写作。在为此书收集材料时,作者进行了广泛的研究,并在1974年访问了苏联。

据《新政策》杂志报道,阿尔瑙针对"索尔仁尼琴—韦特罗夫"问题收集了大量的资料。他曾多次声称,准备依据这些材料出书。但正如作者所说,他本人没有参与告密活动。没有人去追究他的责任,这并没有妨碍他特有的"劳改营的好日子"。后来,阿尔瑙写道:"我现在手头上有他积极地活动的书面证据。"他进一步写道:"这能说明问题。在他与出版社和主要报刊的通信中,有可能在法医学数据的基础上提出指控索尔仁尼琴的材料。但是从他们那里,我没有得到任何正面的回答。"

阿尔瑙称,这份被译成德文的材料对索尔仁尼琴的声誉来说,绝对是致命的。

以下是完整、准确的文字:

秘密情报员韦特罗夫的报告(绝密)

根据您的命令,我顺利地接近了伊万·梅格尔。今天上午,他在缝纫车间遇见了我,有点儿神秘地说:"好了,国际歌预言的一切都将很快实现:不要说我们一无所有,我们要做天下的主人!"梅格尔在继续交谈中透露,1月11日,囚犯马尔库什、科维尔琴科和罗曼诺维奇准备越狱。为此,他们成立了一个小组,主要由自己人组成。他们把刀、铁管和电路板藏了起来。二号、八号、十号牢房的囚犯被分成四个组,同时开始越狱。第一组负责释放自己人。下面的谈话一字不差:"她是告密者。我们了解所有人!他们为了转移视线,把事情全推给了受惩罚的人。他们的小组负责受惩戒的军人和单人囚房的囚犯。第二组伺机对付警察。就是这

样!"梅格尔说,第三组和第四组负责包围出入口和大门,并且关闭区域内的备用小电机。

我曾经报告,波兰军队前上校肯西尔斯基和军事飞行员设法得到了哈萨克斯坦的地图,描绘出客机的航线,并筹备了资金。显然,他们早已知道越狱的事情,想用它逃跑。梅格尔说:"波兰人似乎希望自己比别人聪明。你看!"这句话证明了这种推测。

我再次提醒,一定要保护我的安全。最近,他们总是怀疑我,弄得我不得安宁。

韦特罗夫
1952 年 1 月 20 日

在情报书的左上角,有这样的字样:"报苏联内务部古拉格,要求加强冲锋枪手对弹药的保护。"落款是"斯托扎罗夫"。下方有这样的字样:"抄送:规章制度和业务部门主管。"落款是"斯托扎罗夫"。左边是加粗的"AR"字样,代表"阿尔瑙"。

通过复印件,我毫不费力地认出了索尔仁尼琴独特的笔迹。后来,我进行了一些比对。杂志的复印件和我保存的索尔仁尼琴的信件上的字迹是基本相同的。例如,他于 1966 年 2 月 26 日写给我的信中说道:

尊敬的弗拉基米尔·谢尔盖耶维奇:
我应该及时回复您热烈的新年贺信,但在收到您的信之前,我离开了家,现在刚刚回来。
您的祝愿难以成真,但是不管怎样我们都要去努力。

没有胡子

  我听说,您在列宁格勒电视台的讲话①得到了大家的肯定,我为您感到高兴。
  真诚地握手!

索尔仁尼琴

  在这封信中,当时有两件事让我感到惊讶。首先,他从未想到过像往常那样亲切地祝贺我。其次,他为重新命名街道感到难过。但他轻松地说,他可以搬到其他公寓去住。在这两件事中,索尔仁尼琴表现得很自私,但当时我无法看清这一点。

  在信中,字母"X"出现了四次,像没有丝毫弯曲的十字架——那种禁欲主义者特有的简单的十字架;字母"Ж"出现了四次,中间的竖线太长,不成比例……

  起初我有些困惑:字母"T"在信中出现了十六次。但是,在"秘密"和"韦特罗夫"这两个词中,它被写成了另一个样子:上面是直线,下面是斜杠。再仔细看看复印件,我发现第一行和第二行中包括"T"的单词,完全是不同的写法。很明显,这几行字是另一种笔迹:密信中的字母向前倾斜,而在这两行中则不是这样。现在发现了一个奇怪的现象:在该文件中,两次标有日期,但是在写法上有很大差异。这一切,我们在索尔仁尼琴1966年2月26日写给我的信中都可以看到。

  尽管韦特罗夫的告密信内容相对较短,但它提供了分析的材料:在信中,不仅索尔仁尼琴的笔迹清晰可辨,而且他固有的写作特点、文学风格都是显而易见的。例如,他写作的鲜明特色之一就是非常喜欢使用缩写词。早在二十世纪二十年代到三十年代初,这种用法无处不在,后来在我们的语言中明显减少了,但索

---

  ① 这不是我个人的发言,而是1966年年初由电视台转播的有莫斯科、列宁格勒的几个作家参加的专访。

尔仁尼琴一直保留着对它的兴趣。他不写"хозяйственный двор"（场院）或"строительный участок"（建设工地），而是像在《古拉格群岛》中那样，写成"хоздвор"和"стройучасток"。在密信中，我发现了这种古怪的用法。

索尔仁尼琴的信的一个特点是：喜欢强调某些词和某些句子。在《古拉格群岛》第三卷中就有这样的情况。另外一个很明显的特征是：滥用逗号。亚历山大·伊萨耶维奇喜欢在不需要的地方使用逗号，有时甚至在完全不应该使用的地方使用。

从一本书中得知，侦缉人员有时帮助作者（我不会指名道姓的）逃避监狱的书刊检查，而另外一些囚犯则没有得到这么大的支持。于是，我们警觉的战士责怪说："为什么？这种友谊从何而来？"他这是在暗指这些人与监狱的领导进行着秘密合作。

如果是这样，那么这位卡卢加监狱的生产负责人便会高兴地说："过去这里没有这样的职位！"这是在刑期开始的时候。后来，他被吸收到秘密小组，负责提供情报，得到了一个秘密代号。但是，在整个刑期中，他没写过一次告密信，而韦特罗夫则在辛辛苦苦地做着他的秘密工作。

诺贝尔奖得主良心上的血

落入阿尔瑙手中的密信上面的笔迹、写作特点及其他一些细节都与索尔仁尼琴的书信雷同。让我们来回忆一下这个所谓的"韦特罗夫"的写作特点！没有人被遗忘，即使是在车厢里与他偶然相识的弗拉索夫！关于西蒙尼扬，他没有偷懒，很快便草草地写了 52 页！这种情况在告密信中也有：叛乱时间（1 月 22 日）、叛乱头目的名字（马尔库什、科维尔琴科和罗曼诺维奇）、使用的武器（刀、金属管）、行动计划（分成四组，同时行动）。就连每个组应该做什么都没有忘记，如：关闭备用发电机。噢，

没有胡子

这是他一丝不苟的一贯作风!

《新政策》杂志引用了阿尔瑙的语句。实际上,在韦特罗夫管理的别斯恰内劳改营,没有任何叛乱的迹象,只是囚犯小组决定于1952年1月22日去找监狱领导,要求把自己的同胞从单人牢房转到符合条件的牢房。此外,他们还希望能允许家属探视,以及允许更频繁地通信,等等。后来,索尔仁尼琴在《古拉格群岛》第三卷中对劳改营的一月事件进行了不同版本的叙述,绝口不提他们是蓄意策划的,极力强调是自发的、突然的,完全是个意外。"我们的三千人晚上下班回家,在没有任何准备的情况下,突然……"我们进一步阅读:"没有一个人拿着斧头和铁棍,因为在这个区域里从来没过这种东西。"而告密信中却提到了这些凶器。我们再往下读:"整个想法是幼稚的:不是发起叛乱,也不是占领堡垒,而是通过一个窗口,把汽油浇到告密者的牢房里,从而引发火灾。"

1945年,由于过度健谈和精力充沛,他把朋友们,甚至自己的妻子置于审讯当中。幸运的是,没有人受到伤害。1952年1月20日,他那完整、细致的告密材料引起了怀疑。事实上,他与韦特罗夫偶遇,不是在某个僻静的地方,而是在缝纫车间里。梅格尔的表现非常奇怪:他很快就给交谈者描述了叛乱的整个计划,直至一些细节。他这么熟悉情况,即使不是领导者,也肯定是计划的参与者。既然梅格尔明白泄露秘密会受到威胁,那么他怎么会突然在韦特罗夫面前把所有细节都说出来了呢?

当然,这与诽谤西蒙尼扬相比,情况完全不同。可以推测,告密信是在1月20日收到的,而暴动定于1月22日。在此期间是否有可能进行调查?此外,劳改营的领导有可能采取了预防措施,比如:让机枪手加强对弹药的保护。1月22日早晨,一组囚犯的确去了工棚总部。监狱当局相信了告密的内容,制造了混乱。无论如何——流血了。这就是诺贝尔奖得主索尔仁尼琴良心上的血。

给索尔仁尼琴的信

亚历山大·伊萨耶维奇：

上帝保佑！……我拜读了你的著作《二百年在一起》……完美、内容丰富。这是你的生命之书……是否要推荐这部作品参评"肖洛霍夫奖"？……期望能与《静静的顿河》齐名……

还有就是爱德华·利莫诺夫，他们让这个可怜的家伙进了监狱。他在狱中已经几个月了，可他没有杀害或抢劫任何人，没有出卖祖国……

亚历山大·伊萨耶维奇，你作为一名前囚犯，比别人更了解他的处境。在那些日子里，我们忍着炎热，找不到自己的位置……一个有才华、热情、活跃的人在监牢里，而我却在别墅里津津有味地吃草莓……

如果可以的话，请通过邦达连科告诉我或给我打电话。

求上帝帮助你完成第二卷！

……

2001 年 7 月 19 日
于克拉斯诺维多沃村

在谎言和仇恨中

在谎言和仇恨中

> 他是说谎者和说谎者之父。
> ——《约翰福音全书》第8章第44节

> 可以用索尔仁尼琴衡量人。
> ——阿·特瓦尔多夫斯基

8月4日清晨,星期一,亚历山大·普列汉诺夫打电话称,索尔仁尼琴去世了,请求在下个星期一之前为《明天》撰写悼念文章。他没有因克制不住而哽咽。我答应了,并且没有号啕大哭……

报纸还没有送来,于是我便打开了电视。尼基塔·米哈尔科夫、弗拉基米尔·卢金、阿列克谢·格尔曼、尤里·柳比莫夫、亚历山大·索库罗夫悲伤的面孔……他们是杰出的代表、贵宾。为什么没有拉津斯基、比托夫、哈卡马达?奇怪……

我上网看了看,感到十分惊讶。首先是网上的留言:

——现在谁还给祖国抹黑?

——啊,要不要拖他们过来?

——告诉我,希特勒是否还有好的方面?

——他生前尽情地辱骂生者和死者。

——他不仅讥讽列宁和斯大林，而且嘲弄伟大的作家，从普希金到马克西姆·高尔基。

——他没有用谎言攻击托尔斯泰和陀思妥耶夫斯基的辛勤劳动，但他嘲讽他们！

——"伞兵日"之后，他马上就去世了。他曾是被投放到我们后方进行破坏活动的伞兵。

——从反苏者到反俄者，这是规律。

——他没有接受，他拒绝了。

——我的生活道路多次与刚去世不久的亚历山大·伊萨耶维奇·索尔仁尼琴的生活道路有关联，甚至交叉。早在1945年，我们离得很近：他所服役的第一白俄罗斯军团第四十八军从南方的切哈努夫地区进入了东普鲁士。而我的第五十军，来自奥古斯图夫－奥索维茨的第二白俄罗斯军团则从东南方向进入了东普鲁士。通往别墅的路正好经过三位一体的雷克沃。我坐在车上，总是在想：森林沼泽湿地……泰斗在那里居住……

现在，著名的思想君王弗拉基米尔·邦达连科说："世上没有那么多先知。人们往往不喜欢，甚至恨他们。人们害怕和嫉妒他们……我是最早在《俄罗斯文学》杂志上描述他的人之一。他还生活在佛蒙特州时，我就开始与他通信了。"哎，事实不完全是这样！首先，索尔仁尼琴在美国时预言苏联马上将摧毁西方。但是，我们看到了什么？其次，十五年前，早在1962年，《新世界》刚刚出版中篇小说《伊万·杰尼索维奇的一天》之后，西蒙诺夫、马尔夏克和巴克拉诺夫先于邦达连科写下了赞美的文章。

是的，除了杂志主编特瓦尔多夫斯基和评论家拉克申以外，有许多著名作家非常热情地欢迎他。肖洛霍夫甚至请特瓦尔多夫斯基代表他亲吻那个初次成功登台的人。起初，我在列宁格勒的《涅瓦》杂志上发表了关于《伊万·杰尼索维奇的一天》的文章，后来又撰写了对于他当时在《新世界》杂志上发表的所有文章的评论。所以，我们的通信早在"未来的先知"在梁赞生活时就已经开始了。

邦达连科可以用福马·奥皮斯金的话说自己:"我了解俄罗斯,俄罗斯也了解我。"而奥皮斯金这个陀思妥耶夫斯基幻想的产物,就在我们身边,活生生的……

谁不害怕从另一个世界打来的电话:"能叫弗拉基米尔·格里戈里耶维奇来吗?我想请他来我这里做客。"

"与他相识,我感到很自豪!"太棒了!难道他认为,年轻朋友的反苏倾向还不够明显?

1966年11月16日,我们在苏联作家协会讨论《癌症楼》时就认识了。1967年5月,他给我寄来可供借鉴的附言及致苏联作家协会第四次代表大会的信。代表大会开始的前两天,就像被谁打伤了的天使一样的瑙姆·科尔扎温来到了我当时工作的地方——人民友谊杂志社。他建议请作协成员集体签名,向代表大会请求……为什么不答应受害者?我一向是民主主义者。拒绝我们的有八十个人,年轻的邦达连科和三十岁的拉斯普京没有在其中。

是的,人们张开双臂迎接新成员,没有人怀疑这是"上帝之剑"。但是,随着岁月的流逝,许多昔日的赞扬者与之断绝了来往,甚至于有人咒骂他。不只是《盲目的愤怒》的作者西蒙诺夫坚决否定长篇小说《第一圈》……后来,像对《静静的顿河》的作者一样,索尔仁尼琴对费奥多尔·克留科夫进行了攻击,以至于肖洛霍夫骂他"病态"。

他在中学时代的朋友们,比如尼古拉·维特科维奇、基里尔·西蒙尼扬……在审讯期间,他称这些人是自己的反苏同盟者。他的第一任妻子娜塔丽娅·列舍托夫斯卡娅早就加入了同盟者之列。他在晚年的时候与娜塔丽娅·列舍托夫斯卡娅断绝了来往。还有那些与他一起坐过牢的《第一圈》中的人物原型,都与他断绝了来往,包括维特科维奇、列夫·科佩列夫和谢尔盖·尼基伏罗夫。他们在《现代人》杂志上发表了回忆文章《你是什么人，就是什么人》。最令人难忘的是列昂尼德·安德烈耶夫的孙女奥尔加·卡莱尔。1965 年，她的父亲瓦迪姆·安德烈耶夫把长篇小说《第一圈》的缩微胶片秘密送到了西方。1968 年，她的兄弟把《古拉格群岛》送了出去（这是无所不知、无所不能的克格勃干的事），而奥莉加本人则应小说家的请求和丈夫一起翻译了这些书。五年过去了，这些书终于可以出版了。1978 年，在美国和法国出版了奥莉加·卡莱尔的书《索尔仁尼琴和秘密圈》，目前在我们这里也出版了。书是这样结尾的："我们成了索尔仁尼琴仇恨的牺牲品……"

亚历山大·伊萨耶维奇始终是一个敏感的人。有一次，他收到了一封信。像以往那样，他机敏地仔细阅读起来。突然，他惊恐地发现了一根粘在信封上的头发，一根黑色的鬈发！这意味着什么？难道不是恐吓吗？

在 8 月 6 日的报纸上刊登了逝者的巨幅照片和瓦连京·拉斯普京的简短悼词《不懈的捍卫者》："伟大的天才……一个公民的英雄气概……他说得这么多、这么好，我们只能倾听和理解……我与全体人民一起感到悲伤……再过一个世纪，人们还将阅读他的预言……他的死就像陀思妥耶夫斯基和托尔斯泰的死一样，是全体人民的不幸……他使俄罗斯人和西方人看清了鞑靼统治的本质……他的长篇小说无与伦比……他的善良和纯朴让人感到震撼……"

当索尔仁尼琴还住在佛蒙特州时，列夫·安宁斯基便在《莫斯科新闻报》上发表了文章。他写道："伟大的修道士……外表魁梧，保持沉默……敬畏、同情和痛苦充满了我的心灵……胡子、长发……他不善于说教，只是感到痛苦……"

在上述保守的评论中，拉斯普京狂热地呼喊："圣徒！……俄罗斯历史上最伟大的人物……伟大的伦理学家……单枪匹马地挑战庞大的系统，并获得了成功！"他把来自伊尔库茨克农村的拉斯普京同志培养成了社会主义劳动英雄……

著名的传记作者柳德米拉·萨拉斯金娜是这样说的:"索尔仁尼琴从零开始塑造自己……"亚历山大·博布罗夫在《苏维埃俄罗斯报》上提到:"西方和第五纵队帮助了作家。不仅如此,赫鲁晓夫和他的政治局,以及《新世界》、《苏联作家》和《小说报》,还有诺贝尔奖,也对他有很大的帮助。"媒体肆无忌惮地对他进行过度的评价,拉津斯基说他是新的托尔斯泰和第二个陀思妥耶夫斯基,科霍夫说他是新的陀思妥耶夫斯基和第二个托尔斯泰……他应叶利钦的邀请回到了俄罗斯,却在媒体上说了一些丘拜斯、盖达尔和改革的坏话……结果怎样?"系统"立即运作起来,把他的话从媒体上删除了。"这是给你的五公顷土地,你可以在上面从一头走到另一头,从早到晚地随便嘟囔些什么。"

"俄罗斯承认了他。任何人,包括艺术、科学和政治方面的杰出人物,生前都没有像亚历山大·伊萨耶维奇那样,拥有如此高的声誉。"主人公的这种声明可以解释为:因主教之死而悲痛,导致了一时糊涂,突然兴奋起来。是的,托尔斯泰、高尔基和肖斯塔科维奇不会利用俄罗斯文学来颂扬自己的偶像……

在文章的结尾,拉斯普京把普希金的话用到了自己身上:"不,我不会死……"普希金的确没有死,尽管什维德科尽了最大努力……

他在《俄罗斯文学报》上称:"他是特别的人物……"他当然是特别的,从长达三十卷的文集,到大西洋两岸的庄园。目前,在俄罗斯没有这种文集。

他在《俄罗斯文学报》上继续说:"人们把他看作俄罗斯的捍卫者……"邦达连科和诺沃德沃尔斯卡娅确实是这样看的。根据弗拉基米尔·拉克申的表述,他是祖国的捍卫者……从长筒靴里拔出刀子。

他首次提出要保护人民,继而有许多人提出了这个问题。有许多人接受了他的伟大思想,而他只是重复着许多人在他之前在报上发表过的东西、在群众性集会上讲过的东西,以及在总统、

部长和代表们耳边喊过的东西。他经常在《真理报》、《苏维埃俄罗斯》和《明天报》上发表文章,从1992年就开始撰写关于人口灭绝的文章。历史学院士、著名的人口学家谢尔盖耶维奇·霍列夫就此问题出版过一些书籍。他曾经送给我一本书作为礼物——《人口和危机》,大概是在1998年出版的。您手头上是否有谢尔盖·格奥尔基耶维奇·卡拉的《白皮书》?他引用了许多官方文件,用图表的形式解释了普通人的灭绝,尤其是俄罗斯人的灭绝。

看来,拉斯普京为逝者付清了所有的债务。顺便说一下,在中篇小说《活着并记住》中,他首次触碰了被禁止的话题。实际上,即使在战争时期,这个话题也没有被禁止。那时候,亚历山大·托夫任科以逃兵为题材撰写了《叛徒》一书。后来,尤里·冈恰洛夫、叶甫盖尼·维诺库洛夫、阿纳托利·兹纳缅斯克和钦吉兹·艾特马托夫……在拉斯普京的中篇小说中,临阵脱逃导致了可怕的悲剧——逃兵的妻子和孩子都死了。但是,看着手里拿着的信封,他默默地接受了索尔仁尼琴的反苏立场。

索尔仁尼琴不会让任何人受委屈,他为所有人鸣不平。在《文学报》的另外一个版面上刊登了牧首谢尔盖·米罗诺夫和鲍利斯·格雷兹洛夫,以及外国高官尼古拉·萨科奇、调解人安格拉·梅克尔和退休的雅克·希拉克的评论。

在这里不得不指出,上述这些人根本不知道自己在写些什么。主教说:"索尔仁尼琴忍受了战争、不公正的法庭和劳改营……所有的磨难。"事实上,整个战争持续了还不到四年。另外,他在《古拉格群岛》中写道,他进监狱只是为了能活下去。陷入骗局中的主教承认:"我不认为自己是无辜的牺牲品。"他经受了不少考验,总是带着基督教的谦卑接受这些考验。入狱后,他寄了许多表示抗议的信,要求重新审理案件,赦免或缩短刑期。他不仅写信给勃列日涅夫,而且写信给茹可夫元帅和米高扬元帅。另外,有二百五十位作家收到了他的信。后来,所有这些信都发表了（见《克里姆林宫私刑》，1994年），相信有人会感兴趣。

在《俄罗斯报》的头版刊登了《世界与亚历山大·索尔仁尼琴告别》。作家鲍里斯·叶基莫夫说："他的死震撼大地……"索尔仁尼琴之死引起了各界的广泛关注。叶基莫夫描绘了这位蒙难者和苦命人的形象："在生命的晚期，他才得到自己的住房。"什么，八十五岁吗？"自己的住房"是什么意思？在童年和青年时期，他和母亲住在一起，母亲为他创造了一切。后来，他结了婚，用母亲的钱租了一间房。在战争中，他有单独的窑洞、通信员，还有心爱的妻子以及中学同学来看望他。后来，进了劳改营，他住在病房里。他从劳改营出来以后，回到了梁赞，来到了妻子的身边。有了新的妻子之后，他在佛蒙特州生活了二十年，在自己的庄园里与妻子和三个孩子住在一起！所以，说他在生命的晚期才得到自己的住房，是不符合事实的。

这里还有鲍威尔·巴辛斯基的文章《索尔仁尼琴的群岛》，说他是伟大的作家、伟大的公民、天才的评论家……

在长寿方面，不要把他与经典作家进行比较，最好把他与同样尝到过集中营滋味的文学家进行比较，比如科学院院士利哈乔夫、作家奥列格·沃尔科夫、作家列夫·拉兹贡等。所有人都差点儿活到一百岁……

有人说："到现在为止，我们的人民是守旧的，守旧的意识妨碍了我们国家的文明和现代化建设……"实际上，正是在民主的制度下，才能获得言论的自由。

语言学博士、《索尔仁尼琴传》的作者柳德米拉·萨拉斯金娜应邀参加了关于"在报刊上骂娘"的讨论。这位女学者不知为什么，相信军队的士兵、劳改营和监狱中的囚犯以及看守们只会骂娘。她平静地评价了陀思妥耶夫斯基和索尔仁尼琴："两位经典作家的书中都没有骂娘的粗话。"陀思妥耶夫斯基没有试图骂娘，他脑中根本没有这样的想法。而索尔仁尼琴的书中却不乏这样的用词：肥的、秃顶的、迟钝的、无才能的，等等。他直截了当地对翻译家布尔格和法伊费尔说："骗子！"他尖声叫喊，说出版商是玷污他的《伊万·杰尼索维奇的一天》的"豺狼"。

我想，萨拉斯金娜会对他的一些语言进行科学的分析。比如，在《牛犊顶橡树》中，他使用了一些攻击性的语言：公猫、狗、狐狸、豺狼、驴、野猪、水牛，等等。这些绰号来源于哺乳动物的名称。有些绰号来源于爬行动物的名称：害虫、变色龙、毒蛇，等等。

我们的先知（指索尔仁尼琴）经常对初次见面的人发脾气，甚至对支持和帮助过他的人发脾气。

他那最有特点的讽刺人的话是"新世界出版社的大孩子们"。他来到杂志社，有人问他时，他回答："我是中学教师，收入六十卢布。""您凭此生活吗？""就是凭此生活！"编辑部的责任编辑孔德拉托维奇在日记中是这样记录的："他生活困难。去年去梁赞时，他对我说：'我要带六十个鸡蛋。'我问：'难道梁赞没有鸡蛋吗？'他说：'九十戈比的没有，1.4卢布的有。'带去六十个鸡蛋省下的钱能买一张去莫斯科的火车票。"因此，他写道："我们的生活，他们根本不理解！"

报社的人没有问他妻子的情况。他的妻子娜塔丽娅·列舍托夫斯卡娅是一名博士，工资相当可观。每个月挣六十卢布的天才丈夫实际上靠她养活。当然，萨拉斯金娜看到了这一切，但她还有其他任务。她写了上千页的著作，以此来美化自己喜爱的人。

在《古拉格群岛》中，他写道："在战场上，我不容争辩地下达了命令，派一名士兵冒着枪林弹雨去把断开的电线接上。士兵安德烈亚申就这样牺牲了……"显然，萨拉斯金娜不仅美化了她的偶像在战场上的表现，而且美化了他在文学活动中的行为举止。他很希望自己写的《鹿与窝棚》在"现代人"剧院上演，所以把剧本交给了该剧院的首席制作人奥列格·叶夫列莫夫。萨拉斯金娜没提索尔仁尼琴做的这些事，只说了他在 1963 年 3 月 22

日向上级报告的内容：

　　党和政府的领导人在克里姆林宫与知识分子会见。尼基塔·谢尔盖耶维奇，在您讲完话之后，索尔仁尼琴给我打了个电话，说："我被尼基塔·谢尔盖耶维奇的讲话深深地感动了。我打电话是为了向您解释一下：尼基塔·谢尔盖耶维奇说，我们的文学家和艺术家醉心于创作劳改营题材的作品，这会为我们的敌人提供素材。这些素材就像肥大的苍蝇飞向动物的尸体……"

　　我请求您提出好的建议，同志式的建议。九年前，我撰写了剧本《鹿与窝棚》。我的"文学之父"特瓦尔多夫斯基不建议我把剧本交给剧院，可我还是把它交给了"现代人"剧院的首席制作人奥列格·叶夫列莫夫。

　　考虑到尼基塔·谢尔盖耶维奇给予的特别关注和警告，意识到自己的全部责任之后，我想和您商量一下，我是否应该为了这个剧本而继续工作下去。

　　如果您和特瓦尔多夫斯基的意见完全相同，那么我马上把剧本从剧院里拿出来……如果我的所作所为不符合党对我们这些文学家的要求，那么我将感到非常痛苦。

作家感到很难过，他突然失去了党的信任。更主要的是，特瓦尔多夫斯基完全否定了这个剧本："我会禁止它出版。"萨拉斯金娜博士提到了1966年11月16日在法捷耶夫文艺工作者之家召开的关于中篇小说《癌症楼》的研讨会："奥库贾瓦、杜金采夫、沃兹涅先斯基、科尔扎温和涅克拉索夫都来了。"可是，他们并没有参加讨论，十八位发言者中没有他们。"

　　萨拉斯金娜只是简短地提到了几位发言者。除了科德林娜以外，所有人都无条件地赞扬这部中篇小说。讨论没有像预料的那样变为争吵，而是获得了巨大的成功。

会上，除了赞扬以外，还有严肃的批评。我只提一下当时和赞扬声一起响起来的一些很有特点的声音："我不认为鲁萨诺夫的形象塑造得很成功，相反……失败……不细腻……太片面……我不喜欢……还需要下很多功夫……"

萨拉斯金娜对此一言不发。针对她所憎恨的科德林娜的发言，她写道："人们时而打断她，时而示威性地离开礼堂。"其他人发言时也是这样。有人离开了礼堂，说明他们觉得发言的内容太枯燥了，于是到小卖部吃东西去了。

还有值得注意的地方。中篇小说《癌症楼》被寄到了哈萨克斯坦的辽阔杂志社，后来得到了回音。萨拉斯金娜写道："辽阔杂志社的编辑请求将《癌症楼》中的啰唆话删掉，这样才能达到出版的标准。索尔仁尼琴回答说："不能删，因为里面没有啰唆话。"索尔仁尼琴的作品都很长，光《红轮》就有十卷那么长！要知道，《战争与和平》只有四卷，《克里姆·萨姆金的生活》只有三卷，《静静的顿河》只有四卷……谁会有力气读完它？

邦达连科说："亚历山大·伊萨耶维奇从来没有生任何人的气，只是想着人民的幸福……真正的基督徒的谦卑。"

我又看了一眼因特网：

——难道波兹纳和斯瓦尼泽不知道斯大林已经去世了？

——看得出，先知认为，他热爱人民。

——遗憾的是，弗拉索夫、克拉斯诺夫和什库罗被绞死了，不然，他们会讲述该怎样热爱俄罗斯人民。

——作为个人崇拜的牺牲品，他在自己的庄园里倒下了。

——这样不行。同志，他是死人。

对这些看法进行抱怨是徒劳无益的。其中有不少睿智的说法，如"种瓜得瓜，种豆得豆"、"兴风者必遭暴风袭击"，等等。甚至引用了圣经中的话："你怎样指摘法庭，法庭就将怎样审判你。"拉克申说："我不相信索尔仁尼琴信基督教，因为他这种人不可能成为基督徒。"

关于索尔仁尼琴之死，《莫斯科共青团报》比所有其他报纸写得更为详细、透彻和丰富多彩。不能不承认，他在《莫斯科共青团报》上刊登了"亲犹派"文章《黑暗中的人找不到光明》，回击了马克·杰伊奇在《文学报》和《共青团报》上刊登的反犹太主义文章《无耻的经典作家》。现在，主编古谢夫想把这些都掩盖起来。他列举了所有出席葬礼的人：卢日科夫、普里马科夫、戈沃卢辛、尤尔斯基、艾哈迈杜林娜……不知为何没提邦达连科，要知道，他对已故者是如此喜爱……沃兹涅先斯基发表了早已写好的纪念他的亡灵的诗。遗憾的是，诗写得马马虎虎。1958年，年轻的安德烈在《文学和生活报》上发表了《根和冠》这首诗，是为了纪念托尔斯泰诞辰一百三十周年。

实际上，谁也没有打击他们，是他们在互相打击。

薇拉·科佩洛娃发表了题为《埋葬时代》的文章。很凑巧，我在《明天》上发表的文章，也用了艾哈迈托娃的这个句子作为标题。但我估计，读者熟悉整个诗篇：

埋葬时代，
墓前的诗篇还不完整……
用荨麻和蒺藜装饰它……

科佩洛娃根据什么把索尔仁尼琴比喻为"埋葬时代的人"呢？她引用了前两行，便不再出声。

如果我没记错的话，在我上大学的时候，《莫斯科共青团报》的老将达尔德金发表了题为《我们时代的荷马》的诗：

年轻的黎明女神从黑暗中站起……
只是，这一次没有听到，
七个城市为了争夺"荷马故乡"的荣誉而争论……

不过，无论是布罗茨基还是达尔德金都没有获得第一名。早在1980年，法国人乔治·尼瓦便将喜爱的人称作"荷马"。顺便说一下，萨拉斯金娜说，当她决定撰写关于索尔仁尼琴的书时，索尔仁尼琴曾对她说："我坚决反对写生前传记。"他是个卫道士，并且是个谦恭的人。但是，他不可能不知道有许多人已经发表了他的传记，其中有他的第一任妻子列舍托夫斯卡娅写的，也有恰尔马耶夫（见《学生的书》，1994年）和奥斯特罗夫斯基（见《与神话告别》，2004年）写的……其中最精彩的是乔治·尼瓦写的。

这个乔治不仅把索尔仁尼琴与荷马相比，而且把他与安泰、保罗主教（两次）和苏格拉底、阿里斯季德、马克·阿夫列利等人做比较。还有一些作家在荷马之后与索尔仁尼琴相提并论，比如但丁、莎士比亚、伏尔泰、歌德、巴尔扎克、赫尔岑、陀思妥耶夫斯基、托尔斯泰……

《莫斯科青年报》上有这样的标题：《俄罗斯请求饶恕》。这位不幸的流放犯在美国时说："美国是世界上最大度、最慷慨的国家。"正如亚历山大·普罗汉诺夫得知索尔仁尼琴突然去世的消息时在《共青团真理报》上所述，索尔仁尼琴是最稳定、最具包容性的，是"最凶猛的反苏者"，堪称"文学界的弗拉索夫"。弗拉索夫分子是用武器反抗红军和苏联政权，而索尔仁尼琴用的是笔。

邦达连科对先知的不公正做法感到气愤，但并不保护他："人们指责他没有像维克多·阿斯塔菲耶夫那样……在战场上，他没有直接到先遣部队，而是到了声测连——在后方。这好像是年轻的军官自己确定的服役地点……"这里的叙述有误。第一，阿斯塔菲耶夫根本不是在步兵连服役，而是在炮兵旅当接线员，连柳德米拉·萨拉斯金娜都知道这一点。第二，没有在军队服过役的邦达连科不理解，索尔仁尼琴为什么军校刚毕业就当上了连长。大多数应征入伍的人都不可能自己选择服役地点——被派到哪里，就在哪里服役。但是，索尔仁尼琴却不是这样。他本来应该在1941年10月入伍，但他在第二年3月才神秘地去了科斯特罗马的炮兵学校。1942年11月毕业之后，他加入了萨兰斯克的第794炮兵军事侦察营。最后，正如传记作家萨拉斯金娜所写，1943年4月至7月，他的部队转移到了诺沃西利郊外。

据说，克格勃的机构谴责他是劳改营中的告密者。什么机构？他预见这件事有可能曝光，所以在《古拉格群岛》中承认了这一点。萨拉斯金娜在关于索尔仁尼琴的书中也讲述了这一点："他用化名'间谍'在劳改营举办了歌剧演出。"

响应侦缉人员的建议时，他说：

"这个——可以。我，索尔仁尼琴，承诺……"

他叹了口气，署上了出卖灵魂的签名……

"可以走了吗？"

"您应该用化名。"

"啊，化名！唉，就用'韦特罗夫'吧。"

您会发现，这件事发生在刑期刚开始时。在这种情况下，如果把滚烫的测量杆旋入他的肛门，会怎么样？他没有因遭受酷刑而失眠，只是被问了一声"可以吗"，便立即说："这个——可以。"这么迅速而轻易地说出了化名，就像提前准备好了似的。

是啊，并非索尔仁尼琴一个人这么有名气！人们并没有谴责他是美国间谍，但毫无疑问，他在西方是"反苏的先锋"。萨拉斯金娜表现出了少有的愤怒："1982年5月的《苏维埃俄罗斯报》上说，索尔仁尼琴被驱逐出境了，并且威胁说：'杜鲁门会收拾你们的……'"

事实上，1974年2月，索尔仁尼琴确实被驱逐出了苏联国境。当时，加里·杜鲁门已经不在人世了。当时的美国总统是尼克松。所以，1974年以后，索尔仁尼琴无论如何都无法大声喊叫"杜鲁门会收拾你们的"。

在《现代人》杂志上发表了关于索尔仁尼琴的读者来信和在美国生活的尼洛夫关于他的文章。在此之后,拉斯普京和邦达连科发表了抗议文章,并且退出了杂志编委会。这一次,普罗汉诺夫在《明天》杂志上撰文称,在进攻茨欣瓦利①的格鲁吉亚军队中,有一个以索尔仁尼琴命名的连,首先冲进了第比利斯。现在,邦达连科还会重复自己的行为——拒绝副手职务,退出编委会吗?

我认为,这是不会发生的。您看吧,邦达连科在悼词中不得不对亲爱的领导加以赞扬。他说:"亚历山大·索尔仁尼琴与亚历山大·普罗汉诺夫关系密切。"邦达连科说,这两个亚历山大不需要奖章、奖金和幸福。别啰唆了!做十个深呼吸,冷静下来,数一数你的先知得了多少奖!

什么是幸福?对于正常人来说,就是个人的、家庭的和国家的幸福。但是,在这些话的背后,是贪婪、吝啬和永不满足。评论家情不自禁地说:"这个不同寻常的人的勇敢总是令我感到震撼……他敢于去做不可能做到的事情。"瓦连金·库尔巴托夫也在《文学报》上赞赏了先知勇敢的一生。

他的勇敢何在?

在战场上,**他作为军官,配有武器**。有一个中士鞭打俘虏,这显然是违法的。结果怎样呢?"我从旁边经过,什么也没说——万一这个弗拉索夫分子是个超级恶棍呢?"他胆怯了。后来,他被逮捕了。起初,他认为这是不公正的。但是到了最后,他同意了一切,甚至牵连了朋友、熟人和亲爱的妻子。"最初的一个星期,一时糊涂和颓废伴随着我……"难道这就是勇敢吗?

经过了"最初的一个星期",又怎么样了呢?有人建议他担任劳改营中的秘密情报员。结果,他没有进行任何抵抗就同

---

① 格鲁吉亚所属南奥塞梯自治州首府,位于格鲁吉亚中北部。——译者注

意了。

1974年，把他遣送到列福尔托沃监狱之前，他并不是整夜思念着自己的妻子和孩子，而是被一个想法折磨着：早晨监狱头子进牢房时，是站起来还是不站起来？

"对我来说，现在没什么可失去的了！我能撑得住……"第二天早晨，进来了几个人，他勇敢地坐着没动。

在1974年1月7日的政治局会议上，邦达连科说："我找到了托词。是的，这是一些蒙昧主义①者！"在这些蒙昧主义者中，没有一个比萨拉斯金娜和拉斯普京更愚蠢。在任何情况下，他们都没有在代表大会的讲台上说，甚至没有在毯子底下想："俄罗斯是否应该退出苏联？"思想的君王（指索尔仁尼琴）完全同意政治局成员的意见。

这两位伟大的评论家有力地证明了邦达连科的这种思考。"我会毫不犹豫地把索尔仁尼琴的命运和托尔斯泰的命运做比较。时间会证明一切……只有优秀的知识分子理解这一点……"

在俄罗斯文学史上，没有不被承认的天才。爱国者肖洛霍夫说："病态的无耻！"加姆扎托夫说："他带着对我们社会的仇恨来了。"邦达连科，难道您和萨拉斯金娜都寄希望于后代吗？

邦达连科说："在党内的时候，他写了不少荒唐话。在战后的日子里，他充满爱国主义热情地夸夸其谈，说苏联军官在柏林的餐厅里将不礼貌的美国军官扔到了窗外。还有一次，克鲁平建议我们所有人上街大喊：'美国佬，滚回老家去！'我拜读了他的题为《再见了，俄罗斯！》的著名文章……"

有人说："托尔斯泰和索尔仁尼琴都证明了自己是正确的。"令人感到欣慰的是，托尔斯泰入围诺贝尔奖，却没有真正获得，而我们所喜欢的人却立即获得了。难道这还不足以证明他是正确

---

① 一种反理性、反科学的唯心主义思潮，是神秘主义的表现形式之一。——译者注

的吗?

矛头从托尔斯泰转向了肖洛霍夫:"也许,索尔仁尼琴不愿承认肖洛霍夫……"为了说出关于文学竞争的废话,他们不仅混淆了概念,而且强调政治差异是很不重要的,这里只是文学竞争……他们没有看到,没有理解,肖洛霍夫不仅是伟大的作家,而且是伟大的爱国者和共产党员。索尔仁尼琴是第一位因非凡的艺术才华和在所处时代说出刺耳的真话的诺贝尔奖获得者。萨拉斯金娜写道:"在丘可夫斯基之家,大家经常说:'如果有两个俄罗斯,那就是肖洛霍夫的俄罗斯和索尔仁尼琴的俄罗斯。'"

索尔仁尼琴对艾哈迈托娃①的去世极为恼火:"就这么去世了,什么都没来得及读!"没读他的伟大作品,这对他来说是最重要的。索尔仁尼琴曾经把自己的诗塞给她。她读完之后,给了他母亲般的建议,要他立即停止,再也不要做这件事了。萨拉斯金娜在其九百页的作品中,经常引用这些乡村诗,但她并不理解这种艺术形式。

> 她为我找到了个并不富有的父亲。
> 对他们来说,
> 契诃夫比君士坦丁堡更珍贵……
> 他时而骑马到我这里来,
> 我有时乘车去他那里。
> 陈旧的思想在大脑中闪现,
> 酒精如薄雾……

什么人的作品能够引起艾哈迈托娃和特瓦尔多夫斯基的注意呢?萨拉斯金娜发现这些作品是优美的。

---

① 安娜·安德烈耶夫娜·艾哈迈托娃(1889—1966),俄罗斯"白银时代"的代表性诗人。——译者注

当特瓦尔多夫斯基躺在病床上时，索尔仁尼琴不断地把自己的手稿塞到他无力的手中，并且说："哪怕你在死前能读到……这会是你的精神支柱。"而托尔斯泰就陀思妥耶夫斯基的死亡给评论家尼古拉·斯特拉霍夫写信称："我从未见过这个人，与他没有直接的关系。当他死亡时，我才突然明白，他是我最亲近、最需要的人……我认为他是我的朋友。我相信我们总有一天会见面，却没能实现。突然，我发现自己是独自一人，开始惊慌失措……后来我才明白他对我来说有多么宝贵！我哭了……"

你能想象出索尔仁尼琴在得知肖洛霍夫去世的消息时哭泣的样子吗？维克多·阿法纳西耶夫对已故的诗人鲍里斯·库利科夫说过："肖洛霍夫去世那天是我生命中最幸福的日子。"后来，阿法纳西耶夫曾经极力颂扬老牌反苏者索尔仁尼琴。有理由认为，他们最幸福的日子是同一天——1984年2月21日。

萨拉斯金娜是语言学博士和生活专家，她在《莫斯科青年报》上发表文章说："在索尔仁尼琴生平的所有阶段，我都听到过诽谤和谎言。对此，我感到很震惊！"对于过去，她说得太笼统："听说，索尔仁尼琴当过德军俘虏，在那里表现不好，因此被判了刑。还听说，他为盖世太保服务过，并因此而入了狱。第三种传说是：他是犹太人……"

是的，有许多传说。但是，其中最轻松的一个版本，如列扎奇所述，是索尔仁尼琴本人推出的。记者称，他们在列宁格勒找到了一个大尉——曾经和索尔仁尼琴在同一个劳改营服役的布尔科夫斯基。布尔科夫斯基对记者说，索尔仁尼琴曾经告诉他，自己被判刑是因为陷入了包围圈，成了俘虏。

我从未怀疑过索尔仁尼琴的民族属性。如果有人问我，我肯定会回答："他是俄罗斯人。"后来听说，他的第二任妻子是犹太人。索尔仁尼琴的父亲不是伊赛，而是伊萨克。他的祖父是谢苗·叶菲莫维奇——富有的地主（见《克里姆林宫私刑》，1994年版）。在伟大的卫国战争和1993年的反革命叛乱中，俄罗斯人经受住了考

验。起初，索尔仁尼琴长期躲在后方，后来才到了海外。

他在著名的1967年5月致第四届苏联作协代表大会的信中说："我整个战争都没有离开前线……担任炮兵连连长。"后来，他在《古拉格群岛》中说："我和我的同龄人共同战斗了四年。我们一起搅拌黏土，蜷曲在弹坑中……"

他撰写了许多呆板的诗、短篇小说、中篇小说，甚至长篇小说，并且按地址寄到了莫斯科。1945年1月27日，他第一次陷入了枪林弹雨之中。他自己是这样描述的："1943年7月11日，在黑暗的战壕中，我们分食了一份罐头。万岁！为了祖国！上帝保佑！"柳德米拉·伊万诺夫娜说："索尔仁尼琴不应该是炮兵侦察营的军官，而应该是惩戒营的士兵……"

这位萨拉斯金娜十分奇怪：使用俄文名字，长得像俄罗斯人，却蔑视俄罗斯作家，从别林斯基、赫尔岑到高尔基、肖洛霍夫……说实话，她就像是被美国中央情报局洗了脑一样。

这是蒙昧主义，表现在所有领域。在精神领域，所有的学者都相信上帝，更何况伟大的作家索尔仁尼琴了。他们中有很多人早就信教了。诺贝尔文学奖获得者伊万·彼得洛维奇·巴甫洛夫院士和犹太人艾伯特·爱因斯坦都信教。巴甫洛夫是一个十分活跃的教徒，去过很多教堂。

不久前，在伦敦拍卖会上拍卖了爱因斯坦于1954年写给埃里克·古特金的信。他在那里承认："对我来说，犹太教像所有其他宗教一样，是幼稚的偏见的具体表现。"

我们可以一起来看看现代的学者都是怎么做的。著名诺贝尔奖获得者彼得·列昂尼多维奇·卡皮察（1894—1984）的儿子在庆祝父亲八十岁寿辰时发表了电视讲话。记者问道："您如何看待高级神职人员？"他回答说："很好。只是我不太同意他们的观点。他们确信上帝创造了人，而我认为人创造了上帝。"这样的例子还有很多。

萨拉斯金娜认为布尔什维克嘲弄患病的普列汉诺夫："连续

把他从床上拖起来十五次。"当然，在革命中肯定会有不公正的现象发生，比如使用暴力和其他丑行。在文学作品中，经常会通过数字来证明可信度，却往往会带有某种欺骗性。萨拉斯金娜证明了自己是先知忠实的门徒。在《古拉格群岛》中有这样的描述："在能容纳二十个人的囚房里，关了三百二十三个囚犯。"

他的作品的再版证明苏联共产党对普列汉诺夫十分尊重。根据我们的侦察员列夫·彼得洛维奇·瓦西里耶夫斯基的讲述，在战前，我们的外交官在巴黎时，一年两次给普列汉诺夫的遗孀罗扎利娅·马尔科夫娜寄钱——苏联政府给她的退休金只有一个月三百美元。

普列汉诺夫和列宁在认识之初发生的分歧更值得一提。1890年9月，列宁撰写了短文《火星差点儿熄灭》，讲述了日内瓦会议期间与普列汉诺夫的劳动解放社共同创办《火星》和《朝霞》的情况。普列汉诺夫对"犹太联盟"的问题表现出了惊人的不宽容，宣布它根本不是社会民主组织，而是剥削者的组织。他认为犹太人全都是沙文主义者和民族主义者。格奥尔基·瓦连金诺维奇完全维护自己。他说："我们只是缺乏对犹太人的认识。"

萨拉斯金娜认为，保存索尔仁尼琴的父亲穿着沙皇军服的照片和勋章是极其危险的："母亲只得把这些能证明父亲勇敢的勋章埋在了地下。"

父亲自愿上前线，战斗了三年，还只是个少尉。而他的儿子在前线只用了一年半的时间就从中尉升到了大尉。这就是他们所处的时代的差异——沙皇主义和社会主义之间的差异！

关于索尔仁尼琴上学的事情，萨拉斯金娜写道："多么奇怪！莫斯科方面热情地迎接他们，免试录取了他们……"这位不算年轻的女人撰写了六本传记，以此来说明索尔仁尼琴不是一出生就是反苏者。当时，萨尼亚像所有人一样，希望成为少先队员。但夫人坚持自己的观点："我的萨尼亚实际上从青年时期开始就已经成了坚定的反苏者，无论是在莫罗佐夫斯克（战争刚开始，他就去了那里，在中学教天文学）还是在杜尔诺夫卡（他在那里的运输连服役），无论是在科斯特罗马（在炮兵学校学习）还是在萨兰斯克（在那里培训了半年）。"是的，他隐瞒了自己的共青团员身份，因为他明白，共青团员可能会被派去做更困难、更危险的事情。

在战争初期，索尔仁尼琴看到社会主义国家在德国军队的打击下濒于瓦解时，感到很痛心。在相同军队的打击下，不是有许多国家都瓦解了吗？1941年，社会主义国家迫使德军瓦解，摧毁了法西斯德国。

温柔的夫人写道："1942年秋天，索尔仁尼琴被编入古巴的部队，仍然是中尉军衔。"她还声称，中尉肩章预示着某种不寻常的、令人难以置信的"生活福利"。柳德米拉·伊万诺夫娜，亲爱的，是否能停止评论，来一些您擅长的幽默？

存在更为严重的问题，如："一个十五岁的男孩儿因上班迟到而被判五年刑，后改判到惩戒连劳动一个月。"根据1940年6月26日颁布的法令，上班迟到者应被扣除不超过六个月工资的25%。而征兵从十八岁开始，惩戒连里根本就不可能有十五岁的孩子。当然，孤儿和"团里的子弟"会得到特殊的照顾。

还有："对俄罗斯士兵来说，当俘虏比传染上瘟疫更糟糕，因为后退会被枪毙。"如果士兵后退了，就不会成为俘虏。红军战士后退到莫斯科，难道都要被枪毙吗？是谁赶走了德国人，占领了柏林？

索尔仁尼琴在《牛犊顶橡树》中写道："1968年8月21日，在离我的别墅一百米远的地方，坦克、卡车和特种汽车整宿地沿着公路往南开。"这是怎么回事？萨拉斯金娜证实，参加华沙条约组织的军队进入捷克斯洛伐克是在8月21日晚上。

还有一些值得注意的地方。萨拉斯金娜写道："这些天，我们受到了致命的打击——季莫费耶夫·列索夫斯基支持了苏联在捷克斯洛伐克的行动……如果不是我们，德军就会侵占那里……"列索夫斯基整个战争期间都在德国生活和工作，后来进了监狱……历史学家安德烈·福尔索夫写了很有趣、很有深度的文章《神秘莫测的1968年》，做出了这样的结论："如果我们当时不把军队开进去，捷克斯洛伐克就会退出社会主义阵营，我们的边界就会受到敌方导弹的袭击。"

在传记中，有许多奇怪的句子：诗意的力量伴随着爱情的温度……事件发展得气势磅礴……屠格涅夫边区流行坏血病……旁边的轰炸使他为母亲担心……四十八军在罗加乔夫和博布鲁伊斯克之间的大演习……四十八军越过国境，向西前进……军队在波兰领土上行进……步兵陷入了包围……他像醉鬼一样扑向书架……他被弹片擦伤……儿子伊格纳特出生了……儿子斯捷潘出生……索尔仁尼琴正式去了美国……克格勃的人去了他家……他们站立在丘可夫斯基已故妻子的坟旁……

如果在索尔仁尼琴的葬礼上发言，萨拉斯金娜会这样开始："朋友们，我们站在已故先知的坟墓旁……"索尔仁尼琴在《古拉格群岛》中写道："国内战争年代，在奥杰斯基动物园，用抓来的活生生的、肥胖的白匪军俘虏喂野兽。"他还说，在科雷马，没有完成一天定额的囚犯会被赶到谷仓里活活烧死。

在《古拉格群岛》中，作家描写了各种恐怖事件：饥饿、殴打、枪毙，甚至把人活活烧死。但萨拉斯金娜在用自己的话转述列舍托夫斯卡娅的作品时，说出了许多坐过牢的读者的心声。有些人正好和他在一起坐牢，后来恢复了自由，恢复了健康，并且开始工作，有的还小有成就……这样的人有近五十个。他们中有索尔仁尼琴作品中的人物原型：布尔科夫斯基（《伊万·杰尼索维奇的一天》中的海军中校布伊诺夫斯基）、列夫·格罗斯曼（《伊万·杰尼索维奇的一天》中的采扎里·马尔科维奇）、列夫·科佩列夫（《第一圈》中的鲁宾）、穆萨托夫（《第一圈》中的伊万诺夫）、帕宁（《第一圈》中的索洛金）、基福罗夫（《第一圈》中的罗佳）、格奥尔基·滕诺（《古拉格群岛》中的滕诺）……他们是如何幸存下来的呢？索尔仁尼琴认为，这是不可想象的。此外，在《古拉格群岛》中，他讲述了二百二十七个囚犯的故事。他们给他寄信和回忆录，并提供准确的情报。

索尔仁尼琴对维克多·涅克拉索夫说"让我把头往绞索里伸"，对加林娜·维什涅夫斯卡娅说"我不怕死"，他们全都相信了。但是，第一次见到索尔仁尼琴之后，弗拉基米尔·拉克申在日记中写道："这个人四十岁左右，不漂亮，穿夏装……他笑得很开心，露出两排牙……"而科尔涅伊·丘可夫斯基在1963年6月6日的日记中却是这样写的："今天，索尔仁尼琴来了。他上楼梯时像个小伙子——粉红色的脸、含笑的双眼，根本不像有病的样子。"

1965年11月9日，瑞士的一份德文报纸上是这样报道的："在莫斯科，患重病的作家拿起了自己的手稿……"在所有这些悲伤的内容的影响下，丘可夫斯基的孙女叶莲娜·采扎列夫娜写道："我以为会看到一个精疲力竭的、神经质的病人……当看到一个想逗科尔涅伊·伊万诺维奇开心的年轻快乐的人之后，我感到十分惊讶。"她的妈妈丽季娅·科尔涅耶夫娜也是那种调子："第一印象是：年轻，不到三十五岁，雪白的牙齿，步履矫健，强壮……牙齿发光……"

艾哈迈托娃证实："他四十四岁，但看上去像三十五岁。"而丘可夫斯基的日记是这样结束的："我和索尔仁尼琴一起去了火车站。当火车驶近时，他轻盈地奔跑着去追赶火车……有力的双腿……没有喘息……"他经历了绞索、饥饿和癌症之后，仍然能够这样奔跑吗？

索尔仁尼琴的工作很多，除了忙于结识文学界的朋友以外，还在莫斯科和列宁格勒写长篇小说，并且在各种场合热情地演讲。另外，他还会抽时间周游国内各地，从波罗的海到贝加尔湖。他还到西伯利亚去旅行：乘火车到乌法，从那儿乘船到别尔姆，再乘火车去斯维尔德洛夫斯克、克拉斯诺亚尔斯克和伊尔库茨克，然后乘船沿叶尼塞河……还有一条途经梁赞和图拉州的一千五百公里的自行车路线。有时，他会开着"莫斯科人"从梁赞经莫斯科、克林、加里宁、托尔诺克、瓦尔代、诺夫哥罗德、普斯科夫……再返回梁赞。1971年，在炎热的夏天，他去顿河上的罗斯托夫，往返两千五百公里。还有，四千公里的汽车旅游：从费奥多西亚经哈利科夫库尔茨克、奥廖尔到梁赞……是的，只有三十五岁的人才有可能这么精力充沛。

萨拉斯金娜描述了索尔仁尼琴年轻时与好友一起沿伏尔加河的旅行："男孩子们感觉自己是天下的征服者……独自一人在河中浸泡，经常遇到倾盆大雨……他们在沿海的小树林里收集木柴、点燃篝火，准备简单的饭菜……运动员！英雄！鲁宾逊式的人物！……但是，突然爆发了战争！1941年8月，他去莫罗佐夫斯克当了中学教师，那里不是德国人蜂拥而至的西部，而是包括罗斯托夫在内的东部。"

关于先知（指索尔仁尼琴）的葬礼，邦达连科是这样写的："无论在科学院还是在顿河修道院，都没有看到众多的人群。这是什么原因？早在普希金去世时，为其送灵的就只有为数不多的几位朋友。当普希金受伤时——当时没有广播和电视，甚至没有电话，但消息立即传遍了整个彼得堡——人们纷纷来到他的家。当局恐惧了，他的葬礼演变成了可怕的示威游行。正如莱蒙托夫的诗中说的那样：

　　你们蜂拥而至，在宝座前，
　　这些扼杀自由、天才、光荣的屠夫……

如果把索尔仁尼琴葬在他出生的基斯洛沃茨克或长期居住的罗斯托夫……谁去为他送灵呢？……

Неизвестный Солженицын
Владимир Бушин

本书译自 Эксмо：алгоритм - книга　2010 年版